KB265719

말을 잘하면 **성공**이 보인다

말을 잘하면 **성공**이 보인다

말을 잘하면 성공이 보인다

이상훈 지음

Easy Talk Speech Consulting

나무의 꿈

말을 잘하면 성공이 보인다!

누구나 성공을 원한다. 그러나 성공은 그리 쉽게 이룰 수 있는 것이 아니다. 혹자는 말을 못해도 얼마든지 성공을 할 수 있다고 한다. 하지만 필자는 이렇게 말하고 싶다. 만약 말을 못하면서도 성공을 했다면, 말을 잘했을 경우 더 큰 성공을 거두었을 거라고.

성공의 척도를 어디에 두느냐에 따라 다르겠지만, 소위 성공했다는 사람은 대부분 말을 잘한다. 변호사, 영업 사원, 교수, 선생님 등은 말을 잘해야 하는 직업이다. 뿐만이 아니다. 의사, 과학자, 연구원, 프로그래머 등 말을 잘하는 것과 그다지 상관이 없는 직업을 가진 사람들도 이제는 말을 잘해야 하는 시대가 되었다.

우리는 경쟁하지 않고는 세상을 살아갈 수 없다. 다시 말하면,

일만 잘한다고 해서 성공하는 시대가 아니라는 것이다. 병원에는 전문 상담사가 있고, 권위적이기만 한 의사들도 스피치를 배우러 다닌다. 의사뿐만이 아니다. 지금은 공무원을 비롯해 다양한 분야에 종사하는 분들이 스피치를 배우고 있다. 그들은 왜 스피치를 배우러 오는 것일까? 왜 필자의 수강생 대부분이 40~50대로 이루어졌을까? 40~50대의 경우는 자신이 일하고 있는 분야에서 어느 정도 확고한 위치를 가진 분들이다. 그런 분들이 왜 스피치를 배우려 하는 것일까? 젊은 20~30대보다 그분들이 더 스피치의 필요성을 느끼는 이유는 무엇일까?

요즘 대학에서는 취업에 필요한 이미지 메이킹, 면접, 프레젠테이션, 논술 등 많은 교육 서비스를 제공하고 있다. 그에 비해 40~50대는 학교가 아닌 학원에서 웅변을 배우며 자란 세대이다. 돈이 없거나 관심이 없던 사람은 그것조차도 배우지 못한 경우가 많다. 교육이 우리가 삶을 살아가는 데 필요한 기본적인 소양을 쌓아가는 과정이라면, 스피치는 우리에게 그 어떤 것보다도 필요한 교육일 것이다.

대인관계를 중심으로 한 대화, 토의, 토론으로 시작하는 일반적인 스피치에서 프레젠테이션, 상담, 서비스 화법 등 전문성을 요하는 스피치, 연설, 축사, 환영사, 인사말, 송년사 등 우리에겐 다양한 상황에서 일어나는 스피치가 있다.

그렇다면 이런 모든 상황에서 말을 잘하면 누구나 성공할 수 있을까? 단언하건대, 말을 잘한다고 해서 모두가 성공할 수는 없다. 말을 잘하는 것 외에도 성공에 필요한 요소들은 많이 있기 때문이다. 하지만 분명한 것은 이 책의 제목처럼 '말을 잘하면 성공이 보인다.' 이것은 진리이다.

말은 상호간의 관계 및 대화를 이끌어가는 도구로서 중요한 역할을 하며, 그러한 수단을 잘 사용하는 것이야말로 성공의 요건이다. 따라서 성공을 하려면 상대를 배려하고, 자신의 생각을 조리 있게 전달하고, 상대의 생각을 이해하고, 상대와 원활한 소통을 할 수 있는 능력을 키우는 것이 중요하다.

상대가 원하는 답은 대화 속에 있다. 물론 상대를 속이거나 왜곡된 형태의 비즈니스 관계라면 얘기는 다르다. 이때는 진실이나 신뢰가 배제되기 때문에 진실한 소통이 불가능하다. 하지만 정상적인 비즈니스 관계에서는 신뢰를 바탕으로 한 소통이 이루어지고, 대화를 통해 성공의 열쇠를 찾아낼 수 있다. 이처럼 서로의 신뢰와 진실이 만날 때, 우리는 그 인간관계를 성공적이라고 말할 수 있을 것이다.

누구에게나 성공에 대한 고유의 척도가 있을 것이다. 그리고 그 성공에 맞춰 자신의 직위와 위치가 상승하고, 그에 따라 다양한 상황에서 스피치를 하게 된다. 스피치에 불안감을 느끼는 분들은 이러한 자리 자체가 굉장히 부담스럽고, 자신감을 떨어뜨리는 요인이 되기도 한다. 하지만 성공하려면 그 단계에서 자신이 할 수 있는 최고의 능력을 발휘할 수 있어야 하며, 그 위치에 맞는 스피치 역량 또한 남달라야 할 것이다.

스피치를 잘하려면 관심과 연습이 필요하다. 거저 얻어지는 것은 없다. 그렇다고 엄청난 노력이 필요한 것은 아니다. 관심은 즐기는 것이고, 연습은 성공의 과정이다. 즐기면서 그 과정을 만들어가는 것이 무엇보다 중요하다. 대중 앞에서 하는 스피치는 한 번 연습에 10퍼센트의 성공 확률이 있다고 볼 수 있다. 따라서 열 번 연습하면 100퍼센트의 성공이 보장된다.

상대의 이야기에 귀를 기울이고 이해, 배려, 이익을 주고자 하는 마음으로 관심을 가지고 소통하자. 그러면 성공이 보일 것이다.

목차

Easy Talk Speech 06 : 대화의 기술

표현의 능력을 키워라

스피치를 잘할 수 있는 11가지 연습 단계

스피치의 기본

나를 알고 상대를 알자

말을 잘하기 위해 우리가 기본적으로 해야 할 일은 무엇일까?

나는 강의를 할 때 항상 강조하는 것이 있다. 바로 '음성 전달'과 '스피치의 구성'이다. 이것이야말로 스피치를 잘하기 위한 기본 요소라고 생각한다. 그 외에 시각적인 도구를 사용한다든가, 자신감을 키운다든가 하는 것은 나중의 일이다. 이런 것들은 기본이 잘된 사람들이라면 누구나 쉽게 습득할 수 있다. 말하기 실력이 향상되지 않는 것은 이러한 기본 요소를 무시하기 때문이다. 이 기본만 충실히 연습한다면 여러분은 지금보다 더 발전된 모습으로 다시 태어날 수 있다. 유머, 재치, 감동 등의 스피치는 이 기본에 충실한 상황에서, 연습하고 실행하면서 얻어지는 결과물이다.

올바른
음성 전달은 표현의 전달이다

음성 전달의 3요소(음성의 강도, 음성의 속도, 음성의 변화)와 음성의 흐름을 활용해 자신의 생각과 감정을 올바르게 표현하자.

우리는 말을 통해서 우리의 지식과 의도를 전달한다. 음성의 고저, 강약, 빠르기 등을 사용해 자신의 생각을 표현하는 것이다. 음성을 전달하는 3요소는 음성의 강도, 음성의 속도, 음성의 변화이다. 나는 여기에 음성의 '흐름'을 추가하고 싶다. 이것은 한국어를 부드럽고 듣기 좋게 만들어내는 기술이다.

영어는 연음 처리를 해서 강한 것을 부드럽게 한다. 한국어도 음의 흐름을 통해 부드럽고 듣기 좋게 만들 수 있다. 이런 음의 흐름은 일반적인 대화에서는 물론 주로 부드러운 표현을 하는 스피치에서 사용할 수 있고, 강하고 끊김이 많은 스피치에서는 비교적 덜 사용된다. 음성의 흐름은 음성 전달의 3요소를 사용해 만들어내는 것이라고 생각하면 될 것이다.

우리는 음악이 없어도 음을 맞춰가며 노래를 한다. 노래를 부르지 않을 것이라면 굳이 곡을 붙이지 않을 것이며, 시조를 읊지 않을 것이라면 굳이 음률도 필요 없을 것이다. 다시 말해, 작사만 하면 되고 시조를 쓰기만 하면 되는 것이다. 하지만 노래는 우리가 부르기 위해 가사에 곡을 붙여 만든 것이고 시조는 읊기 위해 음률을 생각해서 지은 것이다.

노래를 못하면 음치라고 하는데, 말을 할 때에도 음치가 있다. 우리의 글, 우리가 이야기하고자 하는 말에는 표현하고자 하는 '무엇'이 있다. 강조하고 싶은 것, 드러내고 싶은 것, 주장하고 싶은 것 등등 표현하고자 하는 것들을 잘 전달함으로써 듣는 사람으로 하여금 나의 생각과 감정을 잘 이해할 수 있게끔 하는 것이다. 그렇게 하기 위해 우리는 음성의 변화, 강약, 빠르기 등을 사용한다. 노래를 부를 때처럼 말이다.

음성 전달을 잘하기 위해서는 첫째, '멈춤'을 사용한다. 자신의 습관에 따라 말을 빨리 하는 경우 또는 말은 천천히 하지만 멈춤의 사용이 부족해서 음이 흘러가는 경우가 있다. 이때 중요한 것이 멈춤을 사용해 음의 고저에 흐름을 주는 것이다. 이렇게 하면 앞에 멈춤을 했던 단어 뒤의 단어는 앞의 음보다 높거나 낮아진다. 대부분은 앞에서 멈춤을 사용하는 경우, 뒤의 음이 약간 높아진다. 그리고 강조를 위한 멈춤이 있다. 이때는 자신이 강조하고자 하는 말을 정확하게 강조할 수 있도록 해야 한다. 부드럽게 강조할 때에는 앞의 단어 끝을 늘리듯이 멈추는 것이 좋다. 반면, 뒤를 강조하기 위해서는 앞의 단어 끝에서 정확하게 멈춰주는 것이 효과적이다. 이렇듯 멈춤은 잘 사용하면 좋은 성과를 얻을 수 있다. 말을 빨리 하는 사람들에게는 더없이 좋은 방법이다.

둘째, 감정 전달에 따라 음성의 길이를 조절한다. 언어에는 각기 표현하고자 하는 바가 있으며, 이것은 감정의 전달과 표현의 효과로 이어진다. 시를 낭독할 때는 연설을 하거나 대화를 할 때보다 감정 표현이 더 많아지고 음의 길이도 더 길어진다. 예를 들어, "하늘에 뭉게구름이 떠 있는 아름다운 오후."를 낭독한다고 치자. '하늘에~'의 '에~'는 이야기할 때보다 음이 길어지고, '떠 있는~'에서의 '는~'도 길어진다. 이것은 다음 구절을 부드럽게 시작하기 위해서 또는 뒷부분을 부드럽게 강조하기 위해서 음을 길게 발음한 경우이다.

스피치 커뮤니케이션을 공부하면서, 나는 한국어도 듣기 좋고 영어같이 부드럽게 들릴 수 있다는 것을 알았다. 악센트 대신 음의 고저를 잘 활용하고, 형용사의 경우 끝말을 약간 내리면서 명사를 수식하면 효과적이고, 부드러움과 강함을 조화롭게 사용하면 음에 흐름이 생겨 듣기 좋아진다는 것이다. 누구나 이런 부분에 관심을 갖고 이야기하면 자신의 음성적 전달 습관을 바꿀 수 있다.

셋째, 상황에 따라 스피치의 빠르기와 소리의 고저, 강약을 조절한다. 상황에 따른 음성의 빠르기란 무엇일까? 말이 빨라지는 이유는 자신이 하고자 하는 이야기를 자신이 너무 잘 알고 있거나 시간이 촉박해서, 또는 빨리 이야기를 끝냈으면 하는 심적 불안감에서 비롯된다. 그 외에 상대방을 설득하거나 상대방으로부터 빠른 응답을 얻고자 할 때도 말이 빨라진다. 물론 다급한 사정이라든지, 화를 낸다든지 하는 다양한 상황들에 따라서도 음성의 빠르기가 조절된다. 특히, 설득 스피치를 하는 경우에는 청중의 응답(feed back)에 따라 음성의 빠르기와 고저의 변화를 활용해 감정을 자극하고 마음을 사로잡을 수 있다.

또한 주장을 할 때는 주장하고자 하는 문장을 점점 크게 강조하는 경우가 있으며, 주장하고자 하는 단어를 강조해서 자신의 주장에 힘을 싣는 경우도 있다. 예를 들면 "비폭력적인 평화적 통일은 세계 유일의 분단국가라는 꼬리말을 벗어 던지고 세계의 중심 국가가 될 수 있는 힘이라고 저는 여러분들께 힘차게 외칩니다."는 '세계 유일의' 부터 점점 음성을 크게 하여 자신의 주장을 강조하고, 마틴 루터 킹 목사의 "나에게는 꿈이 있습니다."는 '꿈'을 강조해서 힘을 실어줄 수 있다.

이렇듯 음성의 전달은 자신의 생각과 감정을 표현하는 것이다.

음성 전달의 3요소를 어떻게 활용하느냐에 따라 여러분의 스피치 구사 능력도 달라질 것이다.

상대를 비난하지 말라

대화를 할 때에는 상대방을 논리적인 동물이라고 생각해서는 안 된다. 상대는 감정의 동물이며, 편견과 자존심, 허영심에 따라 행동한다는 사실을 늘 염두에 두어야 한다. 섣불리 비난하게 되면 상대방의 자존심에 상처를 입힐 뿐만 아니라 평생의 적으로 만들 수도 있다. 또한 상대방을 좌절의 구렁텅이에 빠뜨려 삶의 의욕까지 떨어뜨릴 수 있다.

스피치의
구성은 길을 만들어주는 것이다

우리는 글을 쓸 때 서론, 본론, 결론 또는 기승전결의 순서에 맞춰 쓴다. 물론 스피치도 이런 순서대로 구성하면 된다. 다만 스피치에서는 청중이 자신의 스피치를 경청할 수 있도록 '시선 끌기'를 먼저 해야 하며, 문어체가 아닌 구어체로 작성해야 한다는 점이 다르다.

나를 찾아오는 사람들은 이런 얘기를 많이 한다.

"말은 했는데, 정작 무슨 말을 했는지 모르겠어요."

"무슨 말을 어떻게 해야 할지 모르겠어요."

"사람들 앞에만 서면 할 말이 생각이 안 나요."

사람들은 대부분 자신의 생각을 어떻게 정리해야 할지에 대해 많은 고민을 하고 있다. 그런데 각자 정도의 차이는 있지만, 자신이 어떤 말을 하고 있는지 생각하면서 이야기하는 사람은 거의 없다. 또한 성격이나 상황에 따라 두려움이나 불안감 때문에 정신 없이 이야기하거나 말을 제대로 하지 못하는 경우도 많이 있다. 하지만 자신의 생각을 정리하는 것은 연습을 통해 얼마든지 좋아질 수 있으며, 그럼으로써 사람들에게 자신의 생각을 명쾌하고 명료하게 전달할 수 있다.

스피치를 구성하기 위해서는 많은 준비가 필요한데, 청중을 분석하는 것도 그중 하나이다. 즉, 청중에게 어떤 정보를 어떻게 전달해야 할지 구성하는 것이다. 하지만 이것은 단지 큰 틀에서의 이야기이며 스피치를 구성하는 방법에는 다음과 같은 단계가 있다.

우리는 글을 쓸 때 서론, 본론, 결론 또는 기승전결의 순서에 맞춰 쓴다. 물론 스피치도 이런 순서대로 구성하면 된다. 다만 스피치에서는 청중이 자신의 스피치를 경청할 수 있도록 '시선 끌기'를 먼저 해야 하며, 문어체가 아닌 구어체로 작성해야 한다는 점이 다르다. 이와 관련해 여기서는 셰릴 해밀턴(Cheryl Hamilton)의 FLOW 기법에 대해 설명하기로 한다. 효과적으로 잘 구성된 스피치를 보면, 생각에서 다음 생각에 이르기까지, 요점에서 다음 요점에 이르기까지 원활한 '흐름(flow)'이 있다. 다음은 스피치를 잘 구성하기 위한 '흐름'을 말하는 것으로, 각각의 머리글자인 'flow'를 따서 FLOW 기법이라고 한다.

F : focus audience attention and interest(주의와 관심 끌기).

L : lead in to your topic(서론).

O : organize and support your main ideas with visual and

verbal material(본론).

W : wrap-up or conclude(결론).

　스피치를 구성할 때는 위의 FLOW 기법을 사용하는 것이 좋다. 스피치를 시작할 때, 대부분의 청중은 화자의 이야기를 듣기 위해 자신이 하고 있던 행동을 바로 멈추지는 않는다. 옆 사람과 대화를 하고 있는 경우라면 그 대화를 끝마치려 하고, 무언가 글을 쓰거나 낙서를 하고 있는 경우라면 그 일을 끝내고 나서야 화자의 이야기에 귀를 기울인다. 물론 모든 청중이 그렇다는 것은 아니다. 하지만 화자의 말이 시작되었다고 해서 모든 사람이 자신의 행동을 바로 멈추고 이야기를 경청하는 것은 절대 아니다. 그래서 스피치를 시작할 때, 청중의 '주의와 관심 끌기'가 필요한 것이다.

　청중의 관심을 끌기 위해서는 흥미를 유발해야 한다. 청중의 관심을 끄는 데는 실례, 유머, 질문, 경험담, 놀라운 사실, 시청각 자료의 활용, 중요성, 주변의 무언가를 언급하는 등 여러 가지 방법이 있다. 이중 가장 쉬운 것이 '질문'이며, 그다음이 자신의 '경험담'이다. 이 단계가 지나면 뭔가 다른 요소를 이용하여 관심을 끄는 아이디어가 필요하다. 하지만 나는 단순히 유머나 재미있는 이야기로 사람들을 웃기거나 분위기를 좋게 만드는 것만이 '주의와 관심 끌기'가 아니라고 생각한다.

여러분도 많은 강의나 연설을 들어보았겠지만, 강사들은 대부분 날씨, 청중, 재미있는 이야기, 강연장까지 오면서 생긴 일, 자신의 이야기 등으로 스피치를 시작하는 경우가 많다. 그러나 내가 직접 강의를 하면서 느끼는 것이지만, 여기서 중요한 것은 주제와 관련된 관심 또는 흥미를 제공함으로써 스피치의 본론적인 부분을 암시할 수 있어야 한다는 점이다. 그래야만 성공적인 '주의와 관심 끌기'라고 할 수 있다.

물론 화자는 서론 부분에서 본론에 대해 언급을 하겠지만, 본론에 대한 흥미 제공은 '주의와 관심 끌기'부터 시작되어야 한다는 것을 잊어서는 안 된다. 뿐만 아니라 주제와 관련 없는 '주의와 관심 끌기'는 자칫 스피치의 흐름을 끊어 이야기가 서론으로 자연스럽게 흘러가는 것을 방해할 수도 있다.

이처럼 '주의와 관심 끌기'는 청중에게 좋은 분위기를 유도하고, 화자 스스로에게는 긴장감을 줄이고 시작을 멋지게 할 수 있는 스피치의 훌륭한 구성 요소이다.

'주의와 관심 끌기'에 성공했다면, 다음은 청중이 자신의 스피치를 경청할 수 있도록 동기를 제공해야 한다. 불행하게도 '주의와 관심 끌기'만으로는, 특히 농담이나 시선 집중만으로는 청중이 계속해서 자신의 스피치를 경청할 거라고 보장할 수는 없다. 청중은 화자의 스피치를 통해 무언가 얻는 것이 있을 거라고 느껴야 이야기를 경청하게 된다. 다시 말해서, 청중을 위해 어떤 내용의 스피치를 할 것인지를 알려주는 것이 중요하다는 얘기다. 이때 필요한 것이 바로 동기 부여이다.

화자는 동기 부여를 통해 자신의 스피치를 들으면 얻는 것, 이익 되는 점이 있다는 것을 부각시킬 필요가 있다. 그래서 스피치는 화자 중심이 아니고 언제나 청중이 중심이 되어야 한다는 걸 명심해야 한다. 이렇게 청중들의 관심을 끌고 동기를 부여하는 것과 별도로 화자는 평소에 자신의 신뢰도를 높일 수 있도록 노력해야 한다. 여기서 말하는 신뢰도란 청중들이 알고 있는 화자에 대한 정보와 신용이다. 화자의 높은 인격과 캐리어는 청중들의 관심을 끌기에 충분하다. 아무리 '전국 노래자랑' 이 재미있고 출연자가 노래를 잘한다 해도, 이미 대중의 신뢰를 형성한 인기가수에 대한 관심을 따라갈 수는 없는 법이다.

청중의 관심을 끌었으면, 주제의 도입부인 서론으로 이어진다. 서론 부분은 스피치를 하는 목적이나 배경 그리고 본론에 대한 정보나 흥미를 제공해주는 것이다. 즉, 화자가 정확히 어떤 이야기를 하려고 하는지 청중에게 알려주는 것이다. 만약 청중에게 인쇄물이나 시각 자료 등을 배포하는 경우에는 그 이유나 내용에 대해 약간의 언급을 해주는 것이 좋다.

다음은 본론의 구성이다. 본론은 스피치의 주된 내용을 언급하는 부분이다. 여기서는 다양한 형태의 구성을 사용할 수 있는데, 그 첫째로 연대순에 따른 양식을 들 수 있다. 스피치의 주된 요소를 시간, 단계별 순서 또는 날짜 순서대로 배열하길 원한다면 연대순에 따른 양식을 사용하는 것이 좋다. 예를 들면, 역사적인 인물의 일대기, 스피치를 잘하기 위한 교육의 단계 등으로 구성하는 것이다.

둘째는, 공간이나 장소 또는 지형에 따른 양식을 들 수 있다. 공간이나 지형의 위치를 순서별로 정리하는 것이다. 예를 들면, 건물의 구성을 설명할 때, 정문은 동쪽에 있고, 비상구는 남쪽에 있다는 식으로 그 위치를 설명하는 것이다. 아파트나 건물의 모델 하우스에 가보면 안내원이 이런 방법으로 설명하는 것을 들을 수 있다.

셋째는, 관심사 또는 시사적인 문제를 순서에 따라 구성하는 것을 들 수 있다. 이는 스피치에서 가장 많이 사용하는 방법으로, 자신이 제일 중요하다고 생각하는 순서에 따라 정리하는 것이다. 특히 시사 문제는 이슈의 중요성이나 관심도가 높은 순서로 정리하는 것이 좋다. 이 방법은 즉흥 스피치를 할 때 효과적으로 사용할 수 있다.

넷째는, **변증법적인 구성**을 들 수 있다. 청중에게 질문을 하고, 그에 대한 해답을 증명하는 경우에 해당한다. 청중에게 자신이 하고자 하는 중요한 이야기에 대해 질문하고, 그 질문으로 해답을 이끌어내는 방법이다.

다섯째는, **문제와 해결 방안에 따른 구성**을 들 수 있다. 화자 스스로 문제를 제기하고, 그 해결 방안을 제시하는 형태이다. 예를 들면, 지역의 청년 실업에 대한 문제와 그 해결 방안, 한국 경제의 침체 현상과 그 해결 방안, 로스쿨 도입의 문제점과 그 해결 방안 등에 대한 스피치에 응용할 수 있다.

여섯째는, **구조와 기능에 따른 구성**을 들 수 있다. 이는 '어떤' 구조가 '어떤' 기능을 가지고 있는지에 관해 설명할 때 유용한 방법이다. 예를 들면, 집 안에 있는 많은 구조물, 즉 창문, 대문, 주방 등의 구조물이 가지고 있는 각각의 기능을 설명하는 것이다.

이렇게 스피치의 본론을 구성하는 양식은 때에 따라 다양하게 활용할 수 있다. 또한 스피치를 구성할 때는 주제와 관련된 내용에 따라서 여러 양식을 함께 사용할 수도 있다. 하지만 가능하면 한 번에 한 양식씩 분류해서 사용해야 한다. 스피치의 본론 부분에 너무 많은 주요소를 배치하는 것은 좋지 않다. 비슷한 내용은 되도록 한데 묶어서 구성하는 것이 좋다.

 마지막으로 화자의 생각이나 중요한 쟁점들을 재확인하는 과정이다. 이것은 스피치의 이해와 기억, 종결을 규정하는 것으로 화자의 이야기 중에서 가장 중요한 부분을 재생시키는 작업이며, 청중의 흥미나 관심사를 다시 한 번 불러일으키는 것이다. 이 과정을 통해 화자는 청중으로 하여금 자신의 이야기를 오래 기억할 수 있게 하고, 자신이 이야기하고자 하는 것에 대한 청중의 오해나 잘못된 해석을 바로잡을 수 있다.

강연의 성격에 따라 때론 청중의 질문을 받고 화자가 대답하는 시간을 가질 수도 있다. 이럴 경우 화자는 청중의 예상 질문을 어느 정도 파악하고 있어야 한다. 이 방법을 잘 활용하면 화자의 신용과 신뢰도를 높일 수 있고, 보다 흥미로운 결말을 이끌어낼 수 있다.

이 질문과 답변 시간을 효과적으로 사용하기 위해서는 첫째, 질문에 대한 대답을 하기 전에 각각의 질문을 반복함으로써 청중 모두가 관심을 가질 수 있도록 한다. 둘째, 혼란스럽거나 부정적인 질문에 대해서도 명쾌하고 긍정적인 매너로 대처할 수 있도록 한다. 셋째, 각각의 질문에 대답하기 전에 잠시 생각할 여유를 가진다. 만약 질문에 대한 답을 모른다면, 청중 가운데 누군가에게 답을 물어보는 것도 괜찮다. 또는 그 질문을 한 사람에게 "좋은 질문을 하셨습니다."라고 말하고, 추후에 답변하겠다고 솔직히 말하는 것이 좋다.

스피치를 잘하기 위해서는 지금까지 설명한 구성 방법을 통해 자신의 이야기가 가야 할 길을 만들어주어야 한다. 길을 반복적으로 또는 습관적으로 가다보면 이내 익숙해지고 편해지게 마련이다. 스피치의 구성도 마찬가지다.

처음 대중 스피치 수업을 받을 때, 필자는 스피치 작성을 무척 많이 했었다. 구성을 하고 그 틀에 맞추어 스피치 작성을 했다. 많은 시간을 들여 나름대로 멋지게 써보려고 노력했지만 스피치 원고에는 늘 교수님께서 수정한 빨간색 글씨가 가득했다. 공들인 노력에 비해 얻는 게 없다고 생각했지만, 갈수록 시간이 단축되었고 내용도 좋아졌다.

이렇듯 구성은 스피치가 올바른 방향으로 갈 수 있도록 길을 만들어주는 것이다. 그 길을 만드는 것은 시간을 투자하고 반복적인 연습을 통해 습관화하는 것이 가장 효과적이다. 쉽게 얻으려 하지 말라. 귀찮고 어렵겠지만 구성 및 작성을 통한 실전 연습은 여러분에게 멋지고 언제 어디서나 부담 없이 스피치를 할 수 있는 길을 열어줄 것이다.

상대의 불안을 해소하라

상대의 불안을 해소하려고 노력하는 것은 곧 상대를 존중한다는 뜻이다. 바꾸어 말하면, 상대를 존중하고 배려할 때 불안은 해소되고 안정을 찾게 된다. 어떤 가게에 갔을 때 직원이 자신의 이름이나 얼굴을 기억해주면 기쁨과 안정을 느낀다. 이는 누군가가 자신에게 신경을 써주고 있다는 단순한 사실 때문이다.

주요소들을
연결해주는 전환의 기술이 필요하다

스피치의 연결을 통해 내용의 흐름을 매끄럽게 하는 전환이 필요하다. 전환 기술에는 요약, 사전 검토, 지적이 있다. 다음으로 전환하는 방법을 잘 활용하면 청중이 화자의 말을 경청하는 데 도움을 줄 수 있고, 내용을 이해하기 쉽게 할 수 있는 장점이 있다.

스피치를 하다보면 본론에서 주요소를 구성하는 각각의 내용이 잘 연결되지 않아 이야기의 고리가 끊어지는 경우가 있다. 그래서 스피치를 할 때는 첫 번째 내용과 두 번째 내용을 연결해주듯이, 각각의 주요소들을 연결해주는 전환의 기술이 필요하다. 어느 정도 구성을 할 수 있는 단계가 되면 스피치의 연결을 통해 내용의 흐름을 매끄럽게 하는 연습이 필요하다.

각각의 주요소를 전환하는 기술에는 **첫째, 요약**이 있다. 요약은 다음의 화제로 넘어가기 전에 청중이 바로 전에 화자로부터 들었던 부분을 다시 한 번 들려주는 것이다. 예를 들면, "지금까지 인터넷 게임이 아이들에게 미치는 영향에 대해 말씀드렸습니다. 그럼, 다음은 인터넷 게임으로부터 아이들을 지키는 방법에 대해 이야기하겠습니다." 하는 식의 요약을 하고 다음 내용으로 넘어가는 것이다.

둘째, **사전 검토가 있다.** 사전 검토는 앞의 내용을 요약하는 것이 아니라, 다음에 이야기할 내용을 간략하게 설명하는 것이다. 예를 들면, "나는 아이들이 인터넷 게임을 많이 하게 되면 다음과 같은 문제가 발생할 것이라고 생각합니다." 또는 "아이들이 인터넷 게임을 많이 하게 될 경우 발생하는 문제점들에 관해 이야기해보겠습니다."라는 식으로 화제를 바꾸는 것이다.

마지막으로, 지적(指摘)이 있다. 지적은 직접적으로 스피치의 어느 내용을 가리키며 청중들의 주의를 이끄는 것으로, 주요소를 지칭할 수도 있다. 예를 들면, "첫째로, 여러분이 지금 필요로 하는…", "마지막으로 본인의 견해로는…", "제가 생각하는…", "문제의 해결 방법으로는…" 등의 표현이 있다.

이처럼 다음으로 전환하는 방법을 잘 활용하면 청중이 화자의 말을 경청하는 데 도움을 줄 수 있고, 내용을 이해하기 쉽게 할 수 있는 장점이 있다.

어떠한
상황에서도 프로가 되자

성공적인 스피치를 하기 위해서는 프로 의식이 있어야 한다. 열심히 노력하고 성공하기 위해 최선의 노력을 해야 하며, 어떠한 상황에서도 포기하지 않는 멋진 모습이 필요하다. 이것이 프로의 기본자세이다.

학부 3학년 2학기 때의 일이다. 'Oral Interpretation(굳이 번역한다면 '구두 해설' 정도로 할 수 있을 것이다)' 수업을 담당한 교수님께서 자신이 원하는 장르를 선택해 발표하라고 하셨다. 나는 여러 장르를 생각하던 중 편지를 써보기로 했다. 내가 힘들 때 옆에서 힘이 되어준 친구에게 보내는 편지였다. 그 수업 전날, 나는 배를 방바닥에 깔고 편하게 편지를 써내려갔다. 그런데 자꾸 눈시울이 붉어지고 가슴이 찡해지는 것 아닌가. 그런 기분으로 편지를 쓰고 다음 날 발표를 하게 되었다.

그런데 이게 웬 날벼락. 발표를 하는 내내 눈물이 나는 것 아닌가. 수업 분위기가 묘해지기 시작했다. 그래도 나는 꿋꿋하게 편지를 다 읽고 자리로 돌아왔다.

그때 교수님께서 나지막이 말씀하셨다.

"감정을 잘 전달하는 것도 좋지만 프로는 자신이 그 내용에 스스로 빠져서 울면 안 된다."

너무 창피해서 두 번 다시 남들 앞에서 발표를 못할 것만 같았다. 하지만 그때의 일이 나에게는 약이 되었다. 그 후로는 한 번도 슬픈 내용을 발표하면서도 울지 않았다. 비로소 프로가 무엇인지를 배웠기 때문이다.

연기자는 자신의 역할에 따라 갖가지 몸짓을 하고 울거나 웃는다. 하지만 구두 해설은 자신이 하고자 하는 내용을 '말'이라는 수단을 이용해 상대방에게 잘 표현하고 제대로 전달하는 것이다. 다시 말하면, 오로지 음성만으로 상대방의 감정을 자극하는 것이다.

나는 TV를 즐겨 보는 편이다. 스피치를 공부하기 전에는 별다른 생각 없이 TV를 시청했다. 하지만 지금은 드라마나 영화를 볼 때 각각의 배우가 맡은 역할과 그 역할에 따른 다양한 스피치를 주의 깊게 듣곤 한다. 모든 배우는 각자 자기가 맡은 역할에 충실하고 열심히 노력한다. 하지만 내가 보기엔 많은 배우들이 그때그때의 상황에 따른 스피치를 제대로 소화해내지 못하고 있는 것 같다. 이는 분명 연습이 부족한 결과이다.

같은 스피치라도 프레젠테이션, 설득 연설, 취임사, 축사, 결혼식에서의 축시 등은 성격이 다를 수밖에 없다. 단지 배우의 몸짓 연기만으로 그 상황을 표현하는 데는 무리가 따른다는 얘기다. 이러한 스피치를 제대로 하기 위해서는 피나는 연습 과정이 반드시 필요하다. 훌륭한 배우는 자신의 역할을 소화하기 위해 무예, 춤, 악기를 배우는 등 많은 시간을 투자한다. 스피치 또한 마찬가지다. 시간을 투자하고, 전문가의 도움을 받고, 부단히 연습해야 한다. 그것이 바로 프로가 지녀야 할 자존심이 아니겠는가. 과정에 충실하고 만족할 만한 결과를 이끌어내는 것이야말로 프로가 가져야 할 미덕인 것이다.

스피치를 잘하는 것은 쉽지 않다. 하지만 열심히 노력하는 사람에겐 반드시 좋은 결과가 기다리고 있을 것이다.

상대의 말에 귀를 기울여라

어떤 사람이든 상대방의 이야기를 듣는 것보다 자신의 이야기를 하는 것을 더 좋아한다. 듣기를 잘하는 사람은 말을 유창하게 구사하는 사람만큼 말을 잘한다고 해도 과언이 아니다. 상대방을 설득하기 위해 열심히 떠드는 것보다 차분히 귀를 기울이는 것이 더욱 효과적인 경우가 많다.

생각을
했으면 실전과 같이 연습하자

스피치를 위한 구성이 완료되었으면 실전과 같이 연습해야 한다. 반복 연습을 통해 실수를 줄이고 이야기하고자 하는 내용을 설명하는 데 익숙해질 때까지 충분히 연습하는 것이 좋은 스피치를 할 수 있는 관건이다. 그래야 긴장도 덜 하게 되고, 긴장을 하더라도 실수를 줄일 수 있다.

스피치를 잘하기 위해서는 구성 단계를 마친 후 실전과 같이 연습하는 자세가 필요하다. 자신이 이야기하고자 하는 것을 보다 효과적으로 전달하기 위해서는 익숙해질 때까지 충분히 연습하는 것만이 최선의 방법이다.

대부분의 스피치 연습은 작성한 원고를 읽어보는 것이 전부다. 하지만 이렇게 연습하는 것은 실전에 크게 도움이 되지 않는다. 배우들이 무대에 오르기 위해 얼마나 많은 연습을 하는가? 그들은 단순히 대본을 읽어보는 정도가 아니라, 실전과 똑같이 연습한다. 스피치 연습도 마찬가지다. 실전에서처럼 음성의 변화, 제스처, 움직임, 표정 등에 주의를 기울여야 한다. 시청각 자료를 사용할 때는 그 내용을 완전히 파악하기 위해서라도 반복적인 연습이 필요하다.

스피치를 잘하기 위해서는 실전과 같은 연습을 최소 3회 이상 실시하는 것이 좋다. 단순히 횟수로 단정을 지을 수는 없지만, 이야기하고자 하는 내용을 설명하는 데 익숙해질 때까지 충분히 연습하는 것이 좋은 스피치를 할 수 있는 관건이다. 그래야 긴장도 덜 하게 되고, 긴장을 하더라도 실수를 줄일 수 있다.

연습은 실전같이 하라는 말이 있지 않은가. 특히, 잘 안 되는 부분이나 중요하다고 생각하는 부분에 대해서는 조금 더 신경을 써서 연습하도록 하자. 제스처나 움직임, 자세 등도 실전과 같이 연습하자.

연극배우들은 한 작품을 무대에 올리기 위해 수많은 연습을 한다. 그리고 리허설을 하게 되는데, 이는 연극을 펼칠 무대에서 실전과 똑같이 연습하는 것을 말한다. 비싼 대여료 때문에 극장을 평소의 연습실로 이용할 수 없기 때문이기도 하려니와 실제 무대에서 그동안 갈고 닦은 연기를 최종 점검하는 단계이다. 배우가 관객들에게 멋진 무대를 보여주기 위해 연습을 반복하듯 스피치도 마찬가지 과정이 필요하다.

실전과 같은 연습을 통해 자신의 잘못된 점을 고치도록 하라. 그리고 반복적인 연습을 통해 실수를 줄이고 자신의 스피치에 익숙해지도록 하라. 이런 과정을 거친다면 누구보다 멋진 스피치를 할 수 있을 것이다.

　필자는 스피치를 전공하면서 연습이 얼마나 중요한지 뼈저리게 느꼈다. 노력 없는 결과는 없다. 좋은 성과를 얻기 위해서는 그만큼의 노력이 필요한 것이다. 이 노력이 바로 연습이며, 이 연습이 좋은 결과를 만들어낸다는 것을 잊지 말자.

논리적으로 설득하라

상대방이 자신의 말을 듣게끔 만들기 위해서는 매우 논리적이어야 한다. 비논리적인 주장을 펼치는 사람이 상대가 자발적으로 잘못을 인정하도록 만들 수 있겠는가. 따라서 상대의 마음을 움직이려면 어떤 반박에도 타당성 있는 대답을 할 수 있는 준비를 갖춰야 한다.

생각을
즐기고 성공에 기뻐하자

멋진 스피치를 준비하기 위해서는 많은 생각이 필요하다. 이러한 생각은 다양하고 훌륭한 스피치를 하기 위해 꼭 필요한 과정이다. 생각하는 것을 귀찮아하지 말고 그 자체를 즐겨라. 그리고 성공적인 스피치를 했다면 마음껏 그 성공을 기뻐하자. 그 기쁨은 또 다른 성공을 만들어낸다.

스피치의 매력 중 하나는 자신이 생각한 대로 청중이 반응한다는 데 있다. 청중을 웃기고 싶을 때 웃기고, 울리고 싶을 때 울리고, 생각에 잠기게 하고 싶을 때 생각에 잠기게 할 수 있는 것이다. 이렇게 자신의 생각대로 청중이 반응한다면 스피치는 대성공이다.

바로 이러한 성공에 스피치의 기쁨이 있다. 그 희열은 축구에서 역전 결승골이 터지는 기쁨과도 같지 않을까 싶다. 처음부터 잘할 수는 없다. 하지만 생각을 즐기고 성공하고자 하는 의지가 있다면, 그리고 끊임없이 연습한다면 누구나 훌륭한 스피치를 할 수 있다.

만약, 스피치의 시작 단계에서 청중을 웃기고 싶다면, 많은 아이디어를 생각하고 그런 시간 자체를 즐겨야 한다. 지겨워하며 생각하기를 포기한다면 결코 성공할 수 없다.

어느 순간부터 나는 청중에게 감동과 즐거움을 줄 수 있는 스피치를 작성하기 위해 많은 생각을 해왔다. 처음엔 '관심 끌기(주의 끌기)'부터 시작했다. 그걸 위해 나의 관심은 항상 나만의 독특한 것을 준비하는 데 집중되었다. 스피치를 시작하는 단계에서 청중들의 호기심을 자극하고, 나의 이야기를 경청할 수 있도록 하기 위해 아이디어를 짜내는 것은 색다른 즐거움이었다. 그리고 그 아이디어가 성공할 때마다 굉장한 기쁨을 느꼈다. 그래서 더욱더 새로운 시도를 하기 위해 노력하게 되었다.

이렇게 해서 청중의 관심을 끌고 난 뒤에는, 청중의 계속적인 경청을 유도하기 위해 본론의 주요소 사이사이에 청중이 관심을 가질 만한 얘기를 넣어준다. 이것은 청중이 자신의 이야기를 최대한 흥미롭게 또는 즐겁게 들을 수 있도록 하기 위한 전략이라고 할 수 있다. 이러한 일련의 작업을 준비하고 그것이 효과를 발휘해야 성공적인 스피치가 보장된다. 그때의 쾌감은 이루 말할 수 없다. 그러므로 성공할 수 있다는 자신감이 생길 때까지 생각하고, 그 과정을 즐겨라. 그리고 성공한다면, 마음껏 그 성공을 만끽하라. 그러면 더 멋진 성공이 기다리고 있을 것이다.

강의를 하다보면 스피치를 멋지게 하는 분들이 있다. 하지만 대

부분 잠시의 기쁨에 만족하고, 더 큰 성공을 위해 노력하는 경우
는 그다지 많지 않다. 스피치를 잘할 수 있고 없고는 관심이 있느
냐, 없느냐에 따라 많은 영향을 받는다.

조금씩 성공을 향해 나아가라! 그리고 그 성공을 기뻐하되 더
많은 노력과 관심을 기울여 더 좋은 스피치를 만들어갈 수 있도
록 하라. 한 번 한 번 성공을 맛보다보면, 더 멋진 스피치를 하
게 될 것이다.

미소를 짓고 싶다면 즐겁게 행동하라
무리해서 웃는 것은 마음에서 우러나오는 진심어린 미소라고 할 수 없다. 혼
자 있을 때 휘파람을 불거나 콧노래를 부르면서 늘 행복하고 유쾌한 기분을
유지할 수 있도록 노력하라

생각을
전환하면 더 많은 이야기가 나온다

생각의 폭을 넓게 하고 생각을 즐겨라. 남들과 다른 많은 아이디어가 나올 것이다. 스피치를 할 때도 마찬가지다. 나만의 틀 속에서 이야기를 하면 그 틀 속에서 생각이 고정된다. 하지만 생각을 전환하면 그 틀도 바뀌고, 자연스럽게 더 많은 이야기가 생겨난다.

대부분의 사람은 선입견이라는 것을 가지고 있으며 자기중심적이다. 이 선입견과 자기중심적인 생각에 몰입하다보면 사고의 폭이 좁아지게 마련이다. 이는 인간의 사고가 자신이 만든 틀 속에서 일어난다는 걸 의미하는 것이기도 하다. 하지만 좋은 아이디어는 많은 경우 외부에서 비롯된다. '보여지는' 것, '들려지는' 것에서 새로운 무엇인가가 나타나는 것이다.

우리 주위에는 자기만의 생각을 즐기는 사람이 많다. 이 생각 저 생각 막연히 몽상하듯이 하는 경우도 있고, 앞으로 어떻게 살아갈까, 하는 구체적인 생각에 몰두하는 경우도 있다. 하지만 무언가 새로운 것을 만들어내는 사람들은 항상 색다른 경험을 추구한다. 그들은 대부분 자기 생각의 틀을 깨는 데 익숙하다.

예를 하나 들어보자. 아프리카에서는 무덥고 가난해서 운동화를 신지 않는다. 이것은 그들의 삶에서 '보여지는' 모습이다. 그리고 우리 대부분은 이렇게 생각한다. 발이 아프지 않을까, 불쌍하다, 운동화를 신지…. 하지만 그들에게 운동화를 팔아야겠다는 생각을 하는 사람은 얼마나 될까? 아마 별로 없을 것이다. 심지어 운동화 업계에 종사하는 사람조차도.

생각을 전환하면 또 다른 아이디어가 생긴다. 언젠가 한국인이 아프리카에 운동화를 수출했다는 기사를 본 적이 있는데, 아무것도 아닌 일 같지만 이는 누구나 할 수 있는 것이 아니다. 그것은 생각을 전환했기 때문에 가능한 일이었다.

물론 생각을 전환해도 그걸 실천하지 못하는 사람이 있다. 하지만 중요한 것은 자신의 틀을 벗어나 보다 넓은 세계로 범위를 넓혔다는 사실이다. 아프리카에 운동화를 수출한 업자는 '무덥고 가난하다'는 생각의 틀에서 사람은 누구나 자신의 몸을 보호하고 싶어 한다는 아주 단순한 진리로 사고를 확장한 것이다.

생각의 틀을 깨고 전환하자! 자신의 관심사나 흥미에만 집중하지 말고 다른 생각을 해보자. 나만의 한정된 틀을 벗어나자. 남들과 다른 생각, 다소 엉뚱할지라도 4차원적인 생각을 해보자. 요즘은 TV의 토크쇼나 예능 프로그램에서 엉뚱하고 4차원적인 생각을 가진 연예인들이 '뜨는' 추세라고 한다. 이는 그들의 황당한 이야기나 생각이 그만큼 대중의 관심을 끌고 즐거움을 주고 있다는 걸 의미한다.

우리는 다른 사람과 '틀릴' 필요는 없지만 '다를' 필요가 있다. 그것은 '자기만의 개성이 필요하다'는 뜻이기도 하다. 모쪼록 생각의 폭을 넓게 갖고, 생각을 즐겨라. 그러면 남들과 다른 많은 아이디어를 갖게 될 것이다.

스피치를 할 때도 마찬가지다. 나만의 틀 속에서 이야기를 하면 그 틀 속에서 생각이 고정된다. 하지만 생각을 전환하면 그 틀도 바뀌고, 자연스럽게 더 많은 이야기가 생겨난다는 걸 잊지 말자.

상대가 말을 하도록 유도하라

다른 사람을 설득하기로 마음을 먹었다면 상대의 말이 계속되는 동안에는 이의를 달고 싶어도 참아야 한다. 참을성 있게 들어주며 거리낌 없이 자기 의견을 말하도록 배려해야 한다. 물론 역효과를 부를 수 있다고 이의를 제기하는 사람도 있을 것이다. 하지만 한 번 실천해보라. 상대의 마음을 움직이는 데 얼마나 효과적인지 알게 될 것이다.

시각적
보조 도구를 효과적으로 활용하라

눈으로 직접 보는 것은 언어보다 더 큰 충격과 영향을 줄 수 있다. 특히 스피치에서 시각적 보조물의 효과적인 사용은 사실적 근거, 개념, 생각 따위를 발표하는 데 큰 힘이 된다. 그러나 과도한 사용은 부정적 결과를 초래할 수도 있으니 각별히 주의해야 한다. 말과 시각적 보조 도구는 서로 공존해야 좋은 스피치를 만들어낼 수 있다.

우리 주위에는 무수히 많은 광고와 홍보물이 있다. 가히 광고 홍수의 시대에 살고 있다 해도 과언이 아니다. 요즘은 개점한 가게 앞에서 홍보 전문 도우미들이 노래하고 춤을 추는 모습도 심심찮게 볼 수 있다. 그러나 소비자의 입장에서는 그 어떤 광고보다 그 상품을 직접 보고 구매를 결정하는 것만큼 확실한 방법은 없다. 그래야 더 믿음이 가기 때문이다. 이러한 확인 과정을 통해 어떻게 사용하는지, 어떤 기능을 갖고 있는지, 어떤 성분이 들어 있는지 등등 제품에 대한 모든 궁금증을 풀고 믿음을 갖고자 하는 욕구가 내포된 행동인 것이다.

눈으로 직접 보는 것은 언어보다 더 큰 충격과 영향을 줄 수 있다. 특히 스피치에서 시각적 보조물의 효과적인 사용은 사실적

 말과 시각적 보조 도구는 서로 공존해야 좋은 스피치를
만들어낼 수 있다.

대부분의 연설은 말을 통해서 하지만 세미나, 회의, 토론, 토의
등에서 시각적 보조 도구를 적절하게 사용하면 좋은 반응을 얻을
수 있다. 무엇보다 청중의 기억력을 증대시켜주는 데 효과적이다.

얼마 전 필자는 '효과적인 주식 투자와 시장의 분석'이라는 강
의를 다시 한 번 듣게 되었다. 그런데 첫 번째 강의 때의 상황이
아주 또렷이 기억나는 것을 경험했다. 첫 번째 강의에서 강사가
시각적 보조 도구로 프로젝터를 사용했었는데, 그 장면이 마치 어
제 본 것처럼 선명하게 떠올랐던 것이다. 물론 인상적인 말을 했
을 때 기억에 남는 것도 있다. 하지만 전체적인 이야기를 떠올리
며 머릿속에서 재생되는 것은 대부분 시각적인 것에 대한 기억이
아닌가 싶다.

듣기뿐만 아니라 필기한 것을 통해서도 기억이 다시 떠오를 수
있다. 하지만 이러한 말이나 글보다는 그림이나 사진, 모형, 도표
등이 더 기억하기 쉽다는 것을 잊지 말자.

시각적인 보조 도구는 청중의 기억에 오래 남고, 무엇보다 스피치의
내용을 이해하는 데 큰 역할을 한다. 인공호흡을 하는 순서, 넥타이

를 매는 방법, 종이접기 등은 이야기로만 하는 것보다 그 과정을 차례로 직접 보여주는 것이 훨씬 이해하기 쉽다. 스피치를 하는 당사자 입장에서도 청중을 쉽게 이해시킬 수 있다. 또한 스피치에 소요되는 시간을 단축해 말하고자 하는 중요한 부분에 시간을 충분히 할애할 수 있는 장점이 있다. 정보 스피치, 설득 스피치의 경우에는 신뢰할 만한 자료를 활용함으로써 화자 자신의 신용도를 높일 수도 있다.

이 외에도 시각적인 보조 도구는 불안감을 감소시키는 데 도움이 된다. 불안감을 느끼게 되면 화자는 청중의 모든 시선에 긴장하게 마련이다. 이때 시각적 보조 도구를 활용하면 청중의 시선을 돌려 긴장감을 풀 수 있다. 불안해지면 무언가에 의지하고 싶어진다. 이때는 볼펜 한 개만 손에 들고 있어도 큰 의지가 된다. 때문에 포인터나 지시봉을 사용하는 것도 좋은 방법이다. 하지만 이것을 사용하는 데도 실전과 같은 연습을 반복해야 한다. 부드럽고 자연스럽게 사용할 수 있기 전까지 가능한 한 신중하게 선택해야 한다. 무엇보다 그것이 청중의 주의를 방해해서는 안 된다.

파워 포인트도 불안감 해소에 도움을 준다. 불안감은 자신이 하고자 하는 이야기를 잊어버리게 하는데, 파워 포인트를 활용해 스피치의 구성에 따른 각각의 요점을 정리해놓으면 다음에 할 이야기의 내용을 잊어버릴 일이 없다. 1990년대 초까지만 해도 대학에서 발표를 할 때는 복사물을 나누어주거나 전지에 요점을 적어서 보여주는 식의 방법을 사용했다. 하지만 요즘은 프로젝터가 상용화되어 파워 포인트에 발표할 내용을 멋지게 꾸며놓을 수 있다.

시각적 보조 도구는 또한 청중에게 흥미와 즐거움을 줄 수 있다. 재미있는 인쇄물, 흥미를 끌 만한 기구나 도구 그리고 컴퓨터 등을 상황에 알맞게 사용해 흥미로운 스피치를 할 수 있도록 하자.

공통된 화제를 찾아라

상대방이나 그 주변을 주의 깊게 살펴 적절한 화제를 선택한다. 단, 본인이 자신 있게 이야기할 수 있는 화제여야 한다. 상대방의 마음을 움직일 수 있는 이야깃거리라도 자신이 잘 알지 못하는 화제를 택하면 낭패를 보기 십상이다.

경청을
이해하고 효과적으로 활용하라

경청은 화자의 이야기를 듣는 시간에 가치가 있다는 믿음을 요구한다. 이것은 경청이 단순히 소리를 듣는 게 아니라 청중이 자신의 의지로써 듣고자 하는 이야기에 시간을 투자하고 인내하는 것을 말한다. 경청의 종류에는 감각적 또는 감상적 경청, 해석의 경청, 비평의 경청이 있다.

스피치는 화자와 청중 사이에서 상호 작용하는 일련의 커뮤니케이션 과정이다. 화자가 언어를 통하여 생각을 암호화해 보내면, 청중은 이 암호를 해석한 후 그에 대한 생각을 암호화하여 다시 화자에게 보낸다. 테니스를 하는데 상대방이 없다면 공은 돌아오지 않을 것이고, 한쪽으로만 공을 계속해서 보낼 수밖에 없다. 상대가 있어도 공을 엉뚱한 곳으로 보낸다면 역시 그 공은 나에게 다시 돌아오지 않는다. 스피치도 마찬가지다. 청중은 화자의 말을 경청함으로써 내용을 정확히 이해하고, 그에 대한 긍정적 또는 부정적 반응을 보이게 된다. 즉, 경청은 화자와 청중이 커뮤니케이션을 할 수 있게 하는 중요한 요소인 것이다.

청각은 듣는 사람의 귀를 이용해 화자로부터 음의 파장을 받는 육체적인 진행 과정이다. 또한 커뮤니케이션을 위한 첫 반응이며 육체적, 생리적 행위이기도 하다. 하지만 경청은 이것과 다르다. 경청은 화자의 이야기를 듣는 시간에 가치가 있다는 믿음을 요구한다. 이것은 경청이 단순히 소리를 듣는 게 아니라 청중이 자신의 의지로써 듣고자 하는 이야기에 시간을 투자하고 인내하는 것을 말한다.

경청에는 3가지 종류가 있다. **첫째는, 감각적 또는 감상적 경청이다.** 감각적 또는 감상적 경청은 스스로가 원해서 듣는 것으로, 좋아하는 라디오 방송이나 CD를 청취하는 경우를 말한다. 즐기고 싶은 욕구에서 비롯된 것인 만큼 편안함과 안정을 얻을 수 있다.

둘째, 해석의 경청이다. 해석의 경청을 활용하는 사람들은 화자의 정보나 주장에 대해 공격하지 않는다. 스피치의 구성, 논제, 전달 등에 대해 비평적인 분석을 시도하려 하지 않고 전체를 경청한다. 대학의 강의나 정보를 평가 또는 수집할 때 주로 활용한다.

셋째, 비평의 경청이다. 비평의 경청은 화자의 스피치가 왜 청중에게 중요한가, 하는 주된 요소, 논쟁, 이유를 찾는 것이다. 연예인들의 인터뷰, 대통령의 담화, 정치가의 선거 유세 등 논쟁이 필요하건 필요하지 않건 우리는 다양한 스피치를 듣고 있다. 그러나 모든 청중이 그들의 생각에 동의하는 것은 아니다. 청중은 지속적인 주의를 기울이며 그들에 대한 정보를 평가하고 비평하게 된다. 즉, 이런 과정을 통해 더욱 능동적인 청중이 되는 것이다. 수동적 청중과 능동적 청중에 대해서는 다음 기회에 이야기하기로 하고, 여기서는 다만 자신의 필요에 따라 수동적 경청과 능동적 경청을 활용하는 것이 가장 바람직한 자세라는 것을 말해두고 싶다.

수동적 경청이나 능동적 경청과 상관없이 메모하는 습관을 가지는 것도 중요하다. 들은 것을 모두 기억할 수는 없는 법이다. 메모란 중요한 것을 잊지 않게 하는 수단임과 동시에 잘 활용하면 훌륭한 스피치를 할 수 있는 재료가 된다.

정보를 얻기 위한 경청이든, 토론과 토의를 위한 경청이든, 수동적 경청이든, 능동적 경청이든 메모하는 습관을 기르도록 하자. 이렇게 경청의 결과물을 적어두는 것이야말로 효과적인 스피치를 할 수 있는 지름길이라는 것을 잊지 말자.

미소를 잃지 말라

미소는 구름에 가려졌던 태양이 빛을 발하는 것과 같이 상대방에게 큰 기쁨과 행복을 준다. 아무리 뛰어난 화술이라도 진심어린 미소만 못하다. 상대방을 당신의 지지자로 만들고 싶다면 미소를 잃지 말라.

나를
알고 상대를 알자

자신을 알고 상대를 아는 것은 원활하고 효과적인 소통을 위해서 반드시 필요하다. 자신뿐 아니라 상대도 모르고, 자신은 알되 상대를 모르고, 자신은 모르고 상대만 안다면 효과적인 소통을 기대할 수 없다. 전략적 스피치는 비즈니스 관계에서 필수적인 소통의 기술이다.

사람들은 대부분 자신이 알고 있는 것을 활용해 스피치를 하는 것에 대해 어려움을 느끼는 것 같다. 수업을 진행하면서 느낀 것 중 하나가 바로 사람들은 자신이 알고 있는 게 많지 않다는 편견을 가지고 있다는 점이다.

하지만 중요한 것은 나에게 많은 지식이 있느냐 없느냐 하는 것이 아니다. 내가 알고 있는 것을 이용해 어떻게 내 생각을 잘 전달하느냐가 중요하다. 스피치 주제를 선택할 때도 많은 고민을 하며 시간을 보내는 사람이 많다. 하지만 나를 안다는 것은 내가 상대에게 해줄 수 있는 이야기의 질이나 양만을 뜻하는 것이 아니다. 나를 안다는 것은 자신이 이야기하고자 하는 것이 구성한 원고에 잘 정리되어 있는가, 자신의 의도를 잘 전달하고 있는가, 청중의 피드백을 잘 이해하고 있는가, 상황에 맞는 스피치를 하고 있는가, 상대를 잘 배려하고 있는가, 상대의 이야기를 잘 듣고 있는가 등등 스피치 능력을 말하는 것이다. 많이 알고 있는 것과 내가 알고 있는 것을 잘 전달하는 것은 분명 다른 문제라는 얘기다.

자신을 알게 되면 스피치 능력을 향상시킬 수 있고, 효과적인 스피치를 하는 데 도움이 된다. 이렇게 나 자신을 안 다음 상대를 알게 되면 어떻게 스피치를 해야 하는지 쉽게 접근할 수 있다. 그렇다면 상대에 대해서는 무엇을 알아야 할까? 그건 바로 왜 나의 이야기를 들으려 하는가, 나에게 어떤 이야기를 듣고 싶어 하는가, 상대의 대화 스타일은 어떠한가 등이다. 이 정도만 알 수 있다면 상대에게 정보를 전달하거나 설득을 할 때 더욱 효과적으로 접근할 수 있을 것이다.

자신을 알고 상대를 아는 것은 원활하고 효과적인 소통을 위해서 반드시 필요하다. 자신뿐 아니라 상대도 모르고, 자신은 알되 상대를 모르고, 자신은 모르고 상대만 안다면 효과적인 소통을 기대할 수 없다. 또한 스피치의 전략이라는 것도 세울 수가 없다. 전략적 스피치는 비즈니스 관계에서 필수적인 소통의 기술이라는 것을 잊지 말라.

자신이
하고 있는 이야기를 들어라

스피치는 말하는 사람이 중심이 아니라 듣는 사람이 중심이 되어야 한다. 하지만 자신의 스피치 습관을 모른다면 말하고자 하는 바를 효과적으로 전달할 수 없다. 자신의 습관적인 말투, 스피치에 방해되는 잡음 따위를 개선해야 하고, 상황에 맞게 음성이 제대로 전달되고 있는지도 알아야 한다.

필자는 스피치 강의의 방법에 대해 많은 고민을 해왔다. 그리고 마침내 결정한 방법이 '클리닉' 과정이다. 그 이유는 제한된 짧은 시간에 많은 것을 강의할 수 없을뿐더러 스피치는 듣기만 해서는 결코 늘지 않기 때문이다. 또한 연습만 한다고 해서 되는 것도 아니다. 기본에 충실한 교육이 1차라면 2차는 연습이고 3차는 교정이다. 그래서 1차와 2차의 교육 과정에 3차의 교정 과정을 접목한 12주의 클리닉 과정을 운영하게 된 것이다. 이렇게 12주의 클리닉 과정이 끝나면 화자는 스스로를 교정할 수 있어야 한다.

우리는 보통 자신이 이야기하는 것을 듣지 않는다. 하지만 나는 클리닉 과정 6주에서 8주 사이부터 화자에게 자신이 하고 있는 이야기를 스스로 들으라고 주문한다. 1주에서 4주까지는 스피치를 잘하기 위한 기본적인 음성 전달과 구성을 연습하고 교정을 한다. 하지만 이 과정이 지나면 화자 자신이 스스로를 교정할 수 있도록 말할 때의 음성 변화, 흐름, 강약, 빠르기, 내용 따위를 들어보라고 한다. 이때쯤이면 수강생 대부분은 자기 이야기 중에서 어색하거나 잘못된 부분을 알 수 있게 된다.

물론 수업 초반에는 지적을 많이 한다.

"말을 빨리 하시네요."

"전 빨리 하는 것 같지 않은데요."

이렇게 화자 자신은 느끼지 못하지만 듣는 사람은 느끼고 있는 것을 말해준다. 이런 과정을 통해 스스로 자신의 말을 듣게 되면 자신의 말하는 습관에 대해서도 알게 된다. 필자의 경험상, 이때가 교정이 가장 잘되는 시기인 것 같다.

스피치는 말하는 사람이 중심이 아니라 듣는 사람이 중심이 되어야 한다. 그래서 청중을 분석하고 그에 따른 자료를 준비해 연습하는 것이다. 하지만 자신의 스피치 습관을 모른다면 말하고자 하는 바를 효과적으로 전달할 수 없다. 자신의 습관적인 말투, 스피치에 방해되는 잡음(어~, 음~) 따위를 개선해야 하고, 상황에 맞게 음성이 제대로 전달되고 있는지도 알아야 한다. 이렇게 하기 위해서는 나 자신의 소리를 들을 수 있어야 하고, 그에 따른 교정이 반드시 필요하다.

물론 수십 년 동안 이어진 습관이 하루아침에 바뀔 수는 없다. 하지만 스피치를 하면서 일어나는 문제를 교정하지 않고 그대로 방치하면 훌륭한 스피치는 요원할 뿐이다. 교정을 통해 더 좋은 스피치를 할 수 있다는 자신감을 갖도록 하자.

스피치 교정은 자기 자신에 대한 관심으로부터 시작된다. 대부분의 수강생들은 이러한 과정을 통해 많은 발전을 했다. 그것은 필자가 강의를 잘해서가 아니라 수강생 자신이 관심을 가지고 자신을 교정해보겠다는 노력이 있었기 때문이다.

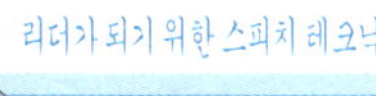

자문자답하라

어리석은 사람은 상대를 헐뜯으려고 하는 반면 현명한 사람은 이해하려고 노력한다. 상대의 말과 행동에는 저마다 그럴 만한 이유가 있다. 현명한 사람은 '만약 내가 상대방이라면 어떻게 느끼고, 어떻게 반응할 것인가?' 자문자답함으로써 상대의 입장을 이해하려고 애쓴다.

자신이
만족하지 못하면 청중도 만족하지 못한다

자신이 만족하지 못하면 청중도 만족하지 못한다는 것을 잊지 말자. 자신도 스스로 만족하지 못한 상태에서 이루어진 성공은 잠시 나타난 신기루와 같다.

필자가 스피치를 전공하면서 얻은 교훈이 여럿 있는데, 그 중 하나가 자신이 만족하지 못하면 청중도 만족하지 못한다는 것이다.

대중 스피치 수업 시간에는 스피치 작성을 많이 하고 발표도 많이 한다. 처음에 나는 내 생각을 전달하는 데에만 급급했다. 하지만 이런 스피치는 청중의 반응도 그리 좋지 않고, 나의 재치 있는 한마디 말도 그냥 웃음을 주거나 시선을 끌 수 있는 것에 지나지 않았다. 그러다 점점 '전략'이라는 큰 틀을 놓고 스피치를 생각하게 되었다. '주의 끌기' 하나를 생각할 때도 내가 만족해야 하고, 본론에서도 구성이 탄탄해야 나 스스로가 만족하는 좋은 스피치를 할 수 있다는 것을 깨닫게 된 것이다.

필자는 강의를 하면서 수강생들에게 이런 질문을 자주 한다.

"주의 끌기는 만족하십니까?"

"자신의 생각을 정리하신 것에 만족하세요?"

여기서 중요한 것은 누구도 만족하지 못한다는 점이다. 그래서 나는 강의 후반이 되면 자기 이야기에 귀를 기울이게 하고 자신이 만족할 수 있는 스피치를 준비할 수 있도록 요구한다. 그것은 의지와 노력만 있으면 얼마든지 가능하다.

처음 구성 수업에 들어가면 수강생들은 막연히 써야 한다는 생각이나 글을 쓰는 것에 대한 강박감 때문에 좋은 원고를 쓰지 못한다. 개중엔 잘 쓰는 분들도 있지만, 대부분 교정을 보아야 한다. 또한 원고를 쓰는 데에만 신경을 쓰지 자신의 글에 만족하는 분들이 극히 드물다.

나는 강의를 하면서 단계별 성과를 중요하게 생각한다. 구체적으로 말하면 음성의 전달, 구성, 낭독 스피치, 불완전 즉흥 스피치, 정보 전달, 상황에 따른 스피치, 즉흥 스피치, 설득 스피치 등의 단계별 성과를 들 수 있다. 하지만 무엇보다 만족도가 자신감을 주는 가장 중요한 요소라는 것을 알기에 수강생 자신이 만족할 수 있는 스피치를 하도록 요구한다. 물론 기본 과정에서는 쉽지 않은 일이다. 그러나 그런 노력을 하며 스피치를 준비하는 것이 얼마나 중요한 일인지를 꼭 알려주고 싶다.

자신도 스스로 만족하지 못한 상태에서 이루어진 성공은 잠시 나타난 신기루와 같다. 이것을 잊지 말고 자신이 만족할 수 있는 스피치를 하기 위해 노력하라. 그러면 언제 어디서나 좋은 스피치를 할 수 있는 밑거름이 될 것이다.

자기의 단점을 인정하라

상대를 내 편으로 만들려면 상대의 단점을 지적하기 전에 자신의 단점을 밝혀야 한다. 인간은 본능적으로 자신보다 약한 존재에게 마음을 쉽게 여는 법이다. 자신이 완벽한 존재가 아니라는 사실을 밝히고 겸손하게 행동하면 상대는 너그러운 마음을 갖게 된다.

당신이 하고 싶은 말을 잘 검토하라. 별다른 생각없이 한 말이라도, 눈사태 모양으로 부피를 더하고, 마침내는 인생의 행복을 파괴해버리는 일이 있을지도 모르기 때문이다.

— 슈덴베르크

말은 고뇌를 고쳐주는 의사이다. 왜냐하면 말은 영혼을 고쳐주는 불가사의한 힘을 갖고 있기 때문이다. 그래서 옛 사람들은 말을 마음의 묘약이라고 했다.

— 메난드로스

좋아하는 남자의 멋대로 지껄이는 말이라 해도, 싫어하는 남자의 분명한 사랑의 말보다 더 마음이 어지럽다.

— 라파엘 부인

평생 착한 일을 행해도 한마디 말의 잘못으로 이를 깨뜨릴 수가 있다.

— 공자

말은 참새가 아니다. 한 번 나오면 다시는 잡을 수가 없다.

— 서양 격언

현명한 사람에게는 한마디 말로써 족하다. 어휘는 많지만 더할 필요가 없다.

— 벤저민 프랭클린

마음에서 우러나온 말이라야 상대의 마음을 움직일 수가 있다.

— 서양 격언

일상생활에서의 대화 예절

① 상대방의 말을 듣고 난 다음 말하라

대화를 할 때 실수하지 않으려면 우선 상대방의 말을 잘 듣고 자기의 의사를 말하는 것이 효과적이다. 상대방의 말을 귀담아 들으면 인격수양이 될 뿐만 아니라 남을 이해하는 도량 또한 커진다.

② 상대방의 말을 가로막지 말라

타인이 말할 때는 도중에 끼어들지 말고 경청하는 자세를 길러야 한다. 상대방의 말 도중에 자기 말을 꺼내는 것은 큰 실례이며, 더욱이 부모님이나 웃어른에게 이런 실수를 저지르면, 무례한 사람이라는 꼬리표를 달게 될 것이다.

③ 목소리는 너무 크거나 빠르지 않게 한다

목소리의 크기는 대화하는 상대의 수에 따라 적당히 조절하는 것이 효과적이다. 만약 둘이 대화를 할 경우에는 상대방만 알아들을 수 있을 정도의 크기로 말하는 것이 좋다. 목소리가 너무 크면 주위 사람에게 방해가 된다. 대화를 할 때에는 항상 주위를 의식하고 남에게 피해를 주지 않도록 해야 한다. 또한 가급적 빨리 말하지 않고 천천히 또박또박 이야기하는 습관을 기르도록 하라.

④ 대화의 마지막엔 요점을 상기시켜라

예를 들어 다음에 만날 약속 시간, 장소 등을 대화 중간에 꺼냈다면, 다른 화제에 신경 쓰다 대화가 끝난 후 그 약속을 잊어버릴 수도 있다. 그러므로 상대방이 실수하지 않도록 마지막에 요점을 다시 한 번 상기시켜 주는 것이 좋다.

⑤ 사투리는 가급적 피하라

사투리는 때에 따라 매력적으로 들릴 수도 있다. 그러나 대중 앞이나 직장에서 이
야기할 때는 가급적 표준말을 사용하라.

⑥ 불평은 맞대응하지 말라

상대방이 대화 도중 불평을 한다면 화난 얼굴로 대처할 것이 아니라 인내를 갖고
더욱더 예의를 갖추어 설명하려고 노력하라. 이런 태도는 좋은 인간관계를 만들어
가는 데 상당한 도움이 될 것이다.

스피치 전달 방법

선택을 하라, 방법이 쉬워진다

눈이 귀보다 빠르다는 것은 누구나 알고 있을 것이다. 화자에 대한 믿음과 신뢰도 시각에 많이 의존한다. 특히 사람들마다 가지고 있는 선입견은 상대를 왜곡할 수도 있다. 연단 또는 사람들 앞에 나가서 이야기할 때는 자세, 복장, 움직임, 제스처, 포즈 등에 신경을 써야 한다. 이 모두가 자신을 멋져 보이게 하고, 믿음과 신뢰를 갖게 해주는 요소이다.

선택을 하라,
방법이 쉬워진다

스피치를 전달하는 방법에는 암기 스피치, 낭독 스피치, 즉흥 스피치가 있다. 각각의 방법에 따른 장단점을 잘 파악하여 상황에 맞게 활용할 수 있도록 충분히 연습해두는 것이 좋다.

일반적으로 우리는 즉흥적인 스피치를 하는 경우가 많다. 생각지도 않았던 곳에서 자기소개를 한다거나 하는 일이 바로 그것이다.

스피치를 전달하는 방법에는 암기 스피치, 낭독 스피치, 즉흥 스피치가 있다. 이중 즉흥 스피치는 '완전 즉흥 스피치' 와 '불완전 즉흥 스피치' 로 나뉜다. 하지만 우리가 주로 하는 스피치는 낭독 스피치다. 인사말, 환영사, 축사, 신년사 등 원고를 사용한 스피치가 여기에 해당한다. 원고를 낭독하는 스피치는 청중에게 자신의 생각이나 정보를 자세하고 정확하게 전달할 수 있는 장점이 있지만, 음성의 표현이 자연스럽지 못하다는 단점이 있다. 또한 제스처나 움직임 등의 표현이 다양하지 못하므로 사람들의 시선을 끌거나 강한 느낌을 전달하는 데 취약하다.

암기 스피치는 원고 전체를 외워서 하는 것이다. 시선의 처리가 용이하고 제스처와 움직임이 자유로워 청중과 커뮤니케이션을 하는 데 유리하다는 장점이 있다. 하지만 자신의 의도를 정확하게 전달할 수 없다는 것이 단점이다. 왜냐하면 단어 하나하나, 문장 한 줄 한 줄을 기억해내기 위해 애를 써야 하며, 청중의 움직임이나 태도 등 주변 상황과 자신의 컨디션 따위에 의해 기억의 일부를 잊어버릴 수도 있기 때문이다.

즉흥 스피치는 준비 없이 실제 상황에서 곧바로 하는 것을 말한다. 자신의 생각이나 정보를 아무런 준비 없이 청중에게 전달해야 한다는 점에서, 화자가 말하고자 하는 바를 빠짐없이 전달하는 데 어려움이 따른다는 단점이 있다. 특히, 자신의 생각을 정리할 시간조차 없는 경우를 '완전 즉흥 스피치'라고 한다. 주로 갑작스러운 자기소개나 인사말, 예정에 없는 상담, 모임에서 아무런 예고 없이 한마디 할 경우가 이에 해당한다. 이런 경우에는 잠시 동안이라도 스피치의 윤곽, 시작과 마무리 등을 간략하게나마 정리하는 것이 좋다.

필자의 강의 중반부에서는 '3분 스피치'라는 것을 한다. 이때 주제를 선택하고 준비하는 데 3분, 스피치를 하는 데 3분의 시간을 준다. 사실, 3분 동안의 즉흥 스피치는 꽤 긴 시간이다. 주제를 받으면 우선 '주의 끌기'를 생각하고, 본론에서 이야기하고자 하는 것들의 순서를 정한다. 서론에서는 자신이 무엇에 대해 이야기하고자 하는지를 밝히면 되고, 결론에서는 본론의 내용을 다시 한 번 되짚어주면 된다. 때문에 즉흥 스피치를 할 때는 '주의 끌기'와 본론의 내용을 순서대로 정해놓는 것이 무엇보다 중요하다.

'완전 즉흥 스피치'에 비해 '불완전 즉흥 스피치'는 스피치를 준비하는 데 약간의 시간이 주어진다. 자신이 이야기하고자 하는 내용을 간단하게 구성하고, 중요한 내용을 정리할 시간적 여유가 있다는 얘기다. 이렇게 하면 중요한 내용을 빠짐없이 전달할 수 있고, 순서대로 이야기할 수 있어 두서없이 말하거나, 했던 말을 또 하거나, 중간 중간 이야기가 막히는 것을 줄일 수 있다.

상황에 따라 스피치를 전달하는 방법을 미리 연습해두라. 그러면 어떤 방법으로 내용을 전달하는 것이 좋은지 선택할 수 있어 보다 효과적인 스피치를 할 수 있다. 수업을 하다보면 '불완전 즉흥 스피치'를 할 때 가장 좋은 스피치가 나오는 것을 자주 보게 되는데, 실제로도 이 방법이 표현을 전달하는 데 가장 효과적이다.

항상
자세와 시선 처리에 신경을 써라

- 다리를 어깨보다 약간 적게 벌리고 선다.
- 왼발의 3분의 1을 앞으로 내밀고 무게중심을 왼발에 둔다.
- 원고를 두 손으로 잡고 어깨 높이보다 약간 밑에 둔다.

많은 사람이 낭독을 할 때 자세가 불안정하고 자신이 가지고 있는 원고를 보는 데 급급해한다. 스피치에서 중요한 것은 시선 처리이다. 시선은 청중과의 커뮤니케이션을 원활하게 도와주는 역할을 한다.

스피치 강좌를 처음 수강하는 분들은 대부분 기본자세가 좋지 않다. 삐딱하게 서거나 배를 앞으로 내밀고 중심을 뒤로한 채 구부정한 자세를 취하는 경우가 많다. 스피치를 시작하기 전에 청중에게 어떤 모습으로 비쳐지느냐에 따라 평가가 달라진다. 잘못된 선입견이 좋지 않은 평가를 가져올 수도 있다는 것을 잊지 말아야 한다. 반대로 올바른 자세를 취하는 것은 사람들에게 좋은 인상을 주기 때문에 스피치를 효과적으로 시작하는 데 도움이 된다.

스피치를 전달하는 방법은 크게 3가지로 분류할 수 있다. **첫째는 암기이고, 둘째는 낭독이고, 셋째는 즉흥이다. 즉흥은 다시 완전 즉흥과 불완전 즉흥으로 나누어진다.** 암기나 즉흥 스피치는 시선 처리를 비교적 원활하게 할 수 있는 반면, 낭독은 다른 스피치 전달 방법에 비해 시선 처리가 잘 되지 않는다. 하지만 연습을 통해 습관화하면 낭독을 할 때도 아주 편안한 스피치를 할 수 있다는 것을 잊지 말자.

연단에 나선 화자의 자세가 좋지 않은 이유는 발을 팔자로 딛고 서거나 한쪽 발에 체중을 싣고 서기 때문이다. 발을 팔자로 딛고 서면 중심이 뒤로 쏠려 몸이 좌우로 흔들리게 된다. 그리고 몸이 흔들리는 걸 막기 위해 배를 앞으로 내밀고 등을 구부정하게 숙이는 자세를 취하게 된다.

스피치를 할 때는 다리를 어깨보다 약간 적게 벌리고 서는 것이 좋다. 어느 정도 벌려야 할지 감이 오지 않는다면, 주먹을 무릎 사이에 낀 상태에서 다리를 똑바로 벌려주면 된다. 다리를 벌린 다음에는 왼발의 3분의 1을 앞으로 내밀고 무게중심을 왼발에 두면 몸이 흔들리는 것을 잡을 수 있다. 이런 자세를 취한 후, 자신이 낭독하고자 하는 원고를 두 손으로 잡고 어깨 높이보다 약간 밑에 둔다. 보통은 원고를 강연대에 놓고 하기 때문에 두 손으로 잡고 낭독하는 경우가 드물지만 기본자세를 연습할 때는 이렇게 하는 것이 좋다. 원고를 어깨 높이보다 약간 밑에 두는 것은 시선 처리를 용이하게 하기 위해서이다. 어깨보다 위로 올리게 되면 낭독하는 사람은 청중을 볼 수 있지만 원고에 얼굴이 가려 청중이 화자를 볼 수 없게 된다. 반면, 원고를 어깨 높이보다 많이 내리게 되면 낭독을 할 때 머리를 잔뜩 숙여야 하기 때문에 좋지 않다.

거울이나 동영상을 이용해 자신의 자세를 확인하고 교정하도록 하라. 멋진 말을 하기 전에 멋진 모습을 보여주어야 한다는 사실을 잊지 말고, 항상 자세와 시선 처리에 신경을 쓰도록 하자.

먼저 자신에게 문제가 없는지 살펴라

'제 눈의 들보는 보지 못하고 남의 눈의 티끌만 탓한다.'는 말이 있듯 인간은 본능적으로 자신의 잘못을 잘 찾지 못한다. 정확하게 말하면, 자신의 잘못에 대해서는 관대한 편이다. 그러나 유능한 리더가 되려면 상대의 잘못을 찾으려 하기보다는 먼저 자신에게 문제가 없는지 성찰하는 태도가 필요하다.

눈을
맞추면서 인사하라

상대를 보면서, 눈을 맞추면서 인사하라. 우리나라에서는 예의상 목례를 하지만 외국의 경우는 목례를 하지 않고 인사와 동시에 곧바로 스피치를 한다. 그렇게 인사에서 스피치를 시작하고 스피치를 끝맺을 때까지 흐름을 잘 유지하는 것이 가장 좋다.

인사란 무엇일까? 인사는 상대에 대한 예의이자 반가움에 대한 표현 그리고 안부를 묻는 방법의 하나가 아닐까. 인사를 하는 방법엔 여러 가지가 있다. 말로써만 "안녕하세요?"라고 하던지, 목례를 한 뒤 "안녕하세요?"라고 하던지, "안녕하세요?"라고 한 후 목례를 할 수도 있다. 그리고 악수를 하면서 인사를 하는 경우도 많다.

그렇다면 남들 앞에서 스피치를 시작하기 전에는 어떻게 인사하는 것이 좋을까. 굳이 연단이 아니더라도 대부분은 앞으로 나가서 목례와 인사를 동시에 하는 경우가 많다. 하지만 인사는 상대방을 보면서 하는 것이 가장 좋다.

외국에서 스피치 교육을 받은 필자는 처음 강의를 시작할 때 인사에 대한 부분이 무척이나 어색하다는 것을 실감했다. 하지만 중요한 것은 어떤 것이 우선순위냐가 아니라 어떻게 해야 스피치의 흐름을 원활하게 하느냐 아니겠는가. 그래서 수강생들에게 되도록이면 앞에 나와서 목례를 한 다음 사람들을 보면서 "안녕하십니까?"라고 인사하는 것을 권했다. 스피치가 끝났을 때는 반대로 "감사합니다."라고 인사한 뒤 목례를 하라고 권했다.

우리나라에서는 예의상 목례를 하지만 외국의 경우는 목례를 하지 않고 인사와 동시에 곧바로 스피치를 한다. 그렇게 인사에서 스피치를 시작하고 스피치를 끝맺을 때까지 흐름을 잘 유지하는 것이 좋다.

상대를 보면서, 눈을 맞추면서 인사하라. 목례를 할 때 청중이 박수를 치는 경우가 있는데, 이때는 박수가 끝날 때까지 기다렸다가 인사를 하는 배려가 필요하다. 박수 소리에 자신의 인사말이 묻히는 것보다 박수가 끝난 후 인사를 하면서 스피치를 시작하는 여유를 갖기 바란다.

이미지는
자신에 대한 또 다른 표현이다

좋은 이미지는 상대에게 호감을 갖게 하고 지속적인 관계를 유지할 수 있게 하는 중요한 요소이다. 자신의 지위와 위치, 상황에 따른 이미지는 자신에 대한 또 다른 표현이며 자신감이기도 하다.

스피치는 '말을 하는 것'이다. 그래서 말을 하는 자신의 이미지가 그대로 묻어 나온다. 때문에 자신의 좋은 이미지를 만드는 것 또한 스피치에서는 매우 중요한 요소라고 할 수 있다.

스피치에서의 이미지는 말 자체와 외형에서 나타난다. 우리는 일반적으로 말을 통해 상대의 성격이나 성질을 파악할 수 있다. 하지만 고품격 스피치에서는 자신의 원래 이미지와는 상관없이 이미지를 연출할 수 있다. 말 자체에서 나타나는 이미지는 대부분 자신의 성격에 따라 음성의 빠르기라든지 감정의 표현이 달라진다. 다정다감하게 이야기하는 사람, 예의 바르게 이야기하는 사람, 성격이 급해서 빨리 이야기하는 사람, 표현이 거친 사람 등 개인마다 각각 서로 다른 이미지를 가지고 있지만, 사람들에게 호감을 얻을 수 있는 이미지를 만들어가는 것이 중요하다.

상대에게 호감을 얻는다는 것은 자신의 좋은 이미지를 심어주는 것에 다름 아니다. 또한 상대와 지속적인 관계를 유지하는 데도 아주 필요한 요건이라는 것을 잊지 말도록 하자.

외형적 이미지도 마찬가지다. 상황에 따라 옷을 입는 것, 자신에게 맞는 색을 고르는 센스, 머리 스타일 등 전체적인 자신의 이미지를 만들어낼 수 있어야 한다. 요즘은 그 어느 때보다 개성이 강한 시대이다. 자신에게 편하고 멋지다고 생각되면 그것이 자신의 스타일이 되는 시대이다. 하지만 나이가 먹으면 먹을수록 개성보다는 직업이나 직위에 걸맞은 이미지를 연출할 수 있어야 한다.

개성에 따른 자신만의 이미지만큼 남들이 어떻게 보느냐, 하는 것도 중요하다는 것을 잊지 말아야 한다. 매너란 서로에게 좋은 이미지를 주기 위해 존재하는 행동 양식이다. 그래서 좋은 이미지를 가진 사람은 곧 매너 좋은 사람이라는 등식이 성립되는 것이다.

혹자는 이렇게 말한다.

"왜 다른 사람을 위해 살아야 해. 나만 좋으면 그만이지."

하지만 세상은 자기 혼자만 살아가는 것이 아니다. 좋은 이미지는 인간관계에서 없어서는 안 될 중요한 요소라는 것을 잊지 말자.

상대에게 관심을 표현하라

자신에게 신경을 써주고 있다는 사실을 알게 되면 누구라도 기쁨을 느낀다. 반면 무시를 당하거나 상대가 자신에게 관심이 없다는 것을 알게 되면 분노를 느낀다. 그래서 무시를 당하는 것보다 미움을 받는 편이 낫다는 얘기도 있다. 상대의 마음을 움직이고 싶다면 끊임없이 관심을 표현하라. 설사 그것이 빈말이라 하더라도 상대의 입가에는 웃음이 번지고 당신에게 마음을 열게 될 것이다. 부지런한 사람이 사랑도 많이 받는 법이다.

열정을
담아 온몸으로 표현하라

스피치는 말을 통해 자신의 생각과 감정을 표현하는 것이다. 이러한 표현을 하는 데 도움을 주는 것이 제스처와 움직임이다. 하지만 단순히 움직이는 것이 아니라 열정을 담아 온몸으로 표현하는 정열이 필요하다.

스피치는 말을 통해 자신의 생각과 감정을 표현하는 것이다. 이러한 표현을 하는 데 도움을 주는 것이 제스처와 움직임이다. 하지만 단순히 움직이는 것이 아니라 열정을 담아 온몸으로 표현하는 정열이 필요하다. 생각만 해도 가슴이 벅차고 뿌듯한 느낌이 들지 않는가. 멋진 움직임이 주는 감동도 느껴지지 않는가.

우선 눈 맞춤이나 얼굴 표정에 대해 이야기해보자. 청중과의 직접적인 눈 맞춤은 자신이 말하는 것에 대한 진실성과 확신을 심어주는 데 어느 정도 영향을 미친다. 소통은 커뮤니케이션이다. 스피치를 하면서 화자가 청중과 원활한 소통을 하고 있는지 확인할 수 있는 것이 바로 눈 맞춤이다. 다시 말해서, 눈 맞춤은 청중의 시선을 끄는 데 도움이 되며, 반응을 살피는 데도 좋은 역할을 한다.

고객과 눈을 맞추지 못하는 영업사원이나 판매원들은 종종 수상쩍고 정직하지 못하다는 인상을 받게 된다. 그들이 실제로는 정말 정직하다 해도 고객이 그렇게 느낄 수 있다는 얘기다. 누군가와 교섭을 할 때는 눈동자를 마주보며 상대의 심리 상태나 감정을 읽어내는 것이 중요하다. 얼굴의 표정은 자기의 감정을 표현하는 일종의 비언어적인 신호이다. 얼굴 표정은 시선을 마주치는 것보다 더욱 직접적이고, 상대로 하여금 재빨리 자신의 감정을 알 수 있도록 하는 수단이다. 반대로 자신의 감정을 숨길 수 있는 수단이 되기도 한다. 이렇게 자신의 감정을 상대가 알아차리지 못하게 하는 것을 포커페이스라고 한다.

찰리 채플린의 영화를 보면, 그가 전달하고자 하는 말을 그의 얼굴 표정에서 충분히 이해할 수 있다. 이와 같이 얼굴의 표정은 말로 하지 않아도 좋은 것, 싫은 것, 행복, 평화, 아쉬움 등을 다양하게 전달함으로써 자신의 스피치 내용에 힘을 더해줄 수 있다.

다음은 제스처다. 제스처는 우리가 흔히 사용하는 수신호와 같다. 배가 아플 때 배를 움켜쥐는 행위, 날씨가 추워서 얼굴과 손을 문지르는 행위, 아이가 너무 귀여워서 머리를 쓰다듬어주는 행위 등 비언어적인 동작을 말한다. 제스처는 몸의 움직임을 통해

전하고자 하는 메시지를 강조하는 등 스피치의 흐름에 영향을 줄 수 있다. 사랑을 이야기할 때 양손으로 하트를 만드는 것, 자신의 의지를 강조하기 위해 주먹을 움켜쥐는 것, 메시지의 순서를 정리하기 위해 손가락을 차례로 펴는 것 등도 여기에 해당한다. 하지만 제스처를 남발하거나 메시지 전달에 도움이 되지 않는 지나친 동작은 금물이다. 자칫 청중의 시선을 분산시키고 경청을 하는 데 방해를 줄 수 있기 때문이다.

앞에서 언급한 스피치의 기본자세를 익힌 후에는 자신만의 자연스러운 자세로 스피치를 하는 것이 좋다. 예를 들면, 책상이나 탁자 앞에서 몸을 앞으로 구부린다거나, 이따금 벽에 기대어 선다던가 하는 등의 편안한 동작을 말한다. 적당한 제스처와 이런 자세를 함께 취한다면 더욱 효과적이다. 하지만 아무리 자연스러운 자세라 해도 삐딱하거나 몸의 균형이 맞지 않으면 보기에 좋지 않다는 것을 명심하라.

한편, 몸을 움직이는 것은 다른 내용으로 넘어갈 때 사용하는 것이 효과적이다. 예를 들면, 스피치의 다음 내용을 전달하기 위해 다른 방향으로 걸어가는 동작이 여기에 속한다. 청중의 시선을 끄는 데 효과적으로 활용할 수 있지만 너무 잦은 움직임은 청중의 주의를 방해할 수도 있다.

스피치는 생각만으로는 할 수 없는 작업이다. 생각을 실행해

한다는 생각은 성공을 방해할 뿐이다. 실패를 했을 때는 웃어라!
청중이 여러분을 격려해줄 것이다! 성공했을 때는 웃어라! 청중
은 더욱 큰 박수로 여러분을 격려해줄 것이다!

포용하는 마음을 가져라

사람을 잘 다룰 줄 아는 리더는 비판자들을 자기편으로 만들어버린다. 온갖 감
언이설로 상대의 마음을 혹하는 것이 아니라 상대의 입장에서 진심으로 생각
하고 포용한다. 다른 사람이 당신을 따르기를 바란다면 포용하라. 모든 것이
나의 잘못이며 내가 책임지겠다는 마음을 먹는 순간 사람들은 당신을 진심으
로 따를 것이다.

오버는
금물, 표현은 자연스럽게

언어적 표현에 비언어적 표현이 자연스럽게 추가될 때 소통이 원활히 이루어지고 그 효과도 극대화시킬 수 있다. 반대로 어색하거나 과도한 움직임은 청중에게 불편함을 줄 수 있다. 그러므로 긴장을 줄이고 편안함을 유지하면서 자연스럽게 움직이도록 해야 한다.

'표현의 자유'라는 말이 있다. 우리는 예술적 의미에서 또는 민주주의라는 것을 정의할 때 주로 표현의 자유라는 말을 쓰곤 한다. 말을 하는 것도 표현의 자유이고, 비언어적인 움직임도 표현의 자유이다. 하지만 너무 과한 것은 좋지 않다. 자신만의 자유가 타인에게는 실례가 될 수도 있기 때문이다.

특히, 스피치에서의 과한 움직임이나 잦은 제스처 사용은, 그것이 아무리 화자의 자유라 할지라도 청중의 시선을 빼앗고 집중을 방해하는 요인이 된다.

언어적 표현에 비언어적 표현이 자연스럽게 추가될 때 소통이 원활히 이루어지고 그 효과도 극대화시킬 수 있다. 반대로 어색하거나 과도한 움직임은 청중에게 불편함을 줄 수 있다. 그러므로 긴장을 줄이고 편안함을 유지하면서 자연스럽게 움직이도록 해야 한다.

골프에서는 '힘 빼기 3년'이라는 말이 있다. 초보자들은 공을 세게 치기 위해 어깨, 팔, 다리에 힘이 들어가게 마련인데, 이 힘을 빼는 데 3년이 걸린다는 얘기다. 하지만 3년은 너무 길다. 그 기간을 줄이는 방법은 연습밖에 없다. 연습 앞에는 장사가 없다. 스피치에서도 마찬가지다. 효과적인 전달을 위해 언어와 비언어를 함께 사용하면서 연습하는 것이 가장 좋다. 실전에서 한 번씩이라도 제스처나 움직임, 얼굴의 표정을 적용해보자. 처음부터 많은 것을 바라지는 말라. 서서히 한 걸음씩 나아가다보면 어느 순간 자연스러워질 것이다.

필자는 기본 클리닉 과정을 강의할 때, 음성 전달에 많은 시간을 할애한다. 가능하면 제스처나 움직임을 피하고, 음성으로써 올바른 스피치를 전달할 수 있게 중점을 두는 것이다. 이후 연구자 과정에 들어가면 즉흥 스피치 위주로 연습을 시키고, 제스처나 움직임에 많은 신경을 쓰게 한다.

우선순위는 낭독을 통한 음성 전달에 수준 이상의 실력을 갖추는 것이다. 그런 후 그것을 좀 더 효과적으로 표현하기 위한 제스처와 움직임을 배워야 한다. 이것이 보다 높은 수준의 스피치를 하기 위한 지름길이다.

책을 아무리 본다고 스피치 실력이 늘지는 않는다. 지금 필자가 책을 쓰고는 있지만, 이것은 단지 참고서적일 뿐이다. 실전과 같은 연습 한 번이 책을 열 번 읽는 것보다 효과적이다.

상대방이 눈치 채지 못하도록 잘못을 지적하라

인간은 본능적으로 자신의 일에만 관심이 있어서 상대방의 의견을 잘 들으려고 하지 않는다. 상대의 의견이 옳든 그르든 자신의 의견을 우선시한다. 따라서 좋은 뜻으로 잘못을 지적하더라도 상대의 동의를 얻어내기란 쉽지 않다. 오히려 상대방의 자존심이나 긍지에 큰 타격을 입히고, 반발심만 불러일으킬 뿐이다.

효과적으로
움직여라

스피치에서 성공을 원한다면 비언어 커뮤니케이션의 장점을 살리기 위해 효과적으로 움직여야 한다. 효과적인 움직임을 통해 청중의 분산된 시선을 잡고, 다음 내용으로 전환하고, 청중과의 거리를 좁혀 친근감을 주도록 하라.

스피치는 말로만 하는 것이 아니다. 과장된 표현을 한다면, 근육 하나하나의 움직임을 느끼며 온몸을 사용해서 하는 것이다. 온몸의 정열과 열정이 담긴 스피치로 청중의 가슴을 벅차게 하고 감동을 주는 스피치를 할 수 있도록 노력해보자. 긍정적인 생각으로 마음을 표현한다면, 누구나 멋진 비언어 커뮤니케이션을 할 수 있다.

스피치에서 성공을 원한다면 비언어 커뮤니케이션의 장점을 살리기 위해 효과적으로 움직여야 한다. 언어가 표현하고자 하는 것에 힘을 실어주고, 표현의 느낌을 더욱더 살려주는 것이 비언어이다.

이러한 비언어 커뮤니케이션을 효과적으로 사용하게 되면 청중을 지루하지 않게 하고, 시선을 끌 수 있다. 그러므로 효과적인 움직임을 통해 청중의 분산된 시선을 잡고, 다음 내용으로 전환하고, 청중과의 거리를 좁혀 친근감을 주도록 하라.

타인의 입장이 되어라

사람은 본능적으로 자신의 일에만 관심이 있다. 그래서 갈등이 생겼을 때 먼저 자신의 입장을 생각하게 된다. 자기의 처지를 이해해주지 않는 상대를 원망만 할 뿐 상대의 처지를 이해하려 들지 않는다. 하지만 이러한 행위는 문제해결에 전혀 도움이 되지 않을뿐더러 심지어 상대를 적으로 만들 수 있다.

말, 그것으로 말미암아 죽은 이를 무덤에서 불러내고, 산 자를 묻을 수 있다. 말, 그것으로 말미암아 소인(小人)을 거인(巨人)으로 만들고, 거인을 철저하게 두드려 없앨 수 있다.
— 하이네

말은 배열을 달리하면, 다른 의미를 갖게 되고, 의미는 배열을 달리하면 다른 효과를 갖게 된다.
— 파스칼

말해야 할 때를 아는 사람은 침묵해야 할 때도 안다.
— 아르키메데스

능변(能辯)의 첫째 요소는 진실, 둘째 요소는 양식(良識), 셋째 요소는 우려(憂慮) 그리고 넷째 요소는 기지(機智)이다.
— 템플

고기는 낚시 바늘로써 잡고, 사람은 말로써 잡는다.
— 독일 격언

제일 떠들지 않는 사람이 제일 많은 일을 한다.
— 영국 격언

현명한 사람은 긴 귀와 짧은 혀를 가지고 있다.
— 영국 격언

① 이야기의 시작과 끝이 논리정연해야 한다

줄거리 없이 이것저것 이야기를 꺼내다보면 상대방을 혼란에 빠뜨리게 되고 결국에는 자신의 의사도 제대로 전달하지 못한다.

② 처음부터 끝까지 분명한 목소리로 말해야 한다

말끝을 흐리거나 우물쭈물하면 의사가 정확히 전달되지 않을뿐더러 상대방으로부터 신뢰를 얻지 못한다.

③ 말의 속도를 적절히 유지한다

한꺼번에 많은 말을 하려고 하면 안 된다. 급히 서둔다고 많은 내용을 전달할 수 있는 것은 아니다. 상대가 알아듣도록 차분하게 말해야 한다. 그렇다고 너무 느리게 말하면 상대방이 짜증을 낼 수도 있으니 늘 말의 속도에 유의한다.

④ 상대의 의견을 존중하고 수용하는 자세를 보여주어야 한다

상대방의 말이 마음에 들지 않거나 받아들일 수 없는 것이라 할지라도 딴청을 하고 비아냥거리는 등 성실하지 못한 자세를 보여서는 안 된다. 상대방에게 불쾌한 인상을 주면 상대방도 예의 따위는 무시하게 될 것이다.

⑤ 상대방이 말하는 내용을 충분히 이해하지 못한 경우에는 정중히 다시 물어서 확인해야 한다

대화의 내용을 분명히 알아두고 나중에 오해의 소지가 없도록 해야 하기 때문이다. 직장에서 "말했다.", "말하지 않았다." 식의 분쟁은 뜻밖에 자주 일어난다. 한 번 그런 일이 있게 되면 당사자끼리의 의사소통과 인간관계 회복에 상당한 시간과 노력이 필요하게 된다.

⑥ 적절한 화법을 골라 쓴다

목소리가 너무 높아 듣기 거북하다거나 발음이 불명확하다는 이유만으로도 상대방
에게 나쁜 인상을 주게 된다. 자신의 이야기를 상대방이 귀담아 들어주길 바란다면
이러한 점에도 세심히 신경을 써야 한다.

⑦ 때와 장소를 가려서 이야기한다

같은 사람에게 이야기하더라도 때와 장소에 따라 화법을 바꿀 필요가 있다. 상사나
선배에게 간단한 전언을 하는 경우라도 회의 중이거나 손님이 있을 경우에는 간결
하면서도 격식을 갖춘 어조로 이야기한다.

⑧ 습관적인 말의 사용을 피한다

짧은 대화를 하는 가운데 '음~, 에~, 저~, 또~, 네네~, 결국~, 역시~, 어쨌든~,
아무쪼록~, 그래서~, 그러므로~, 그러니까~, 그래도~'와 같은 단어가 몇 번씩
계속해서 반복되면 듣는 사람이 불편할뿐더러 이야기의 내용을 전달하는 데도 방
해가 된다. 이처럼 자신도 의식하지 못하는 사이에 튀어나오는 말버릇이 있다면 테
이프에 녹음해 체크하는 방법을 써서라도 의식적으로 고쳐야 한다.

⑨ 불유쾌한 화제는 피한다

자기 자랑이나 남에 대한 험담, 뜬소문이나 지어낸 이야기 따위는 화제로 삼지 않
는다. 경박한 사람으로 인식될 뿐 아니라 인격을 의심받을 수도 있다. 속마음을 털
어놓을 정도의 사이가 되면 부지불식간에 이런 화제를 올리기 쉬운데, 그럴수록 각
별히 주의해야 한다.

스피치의 불안감

나 떨고 있니?

<모래시계>라는 드라마를 기억할 것이다. 많은 인기를 얻은 만큼 유명한 대사도 많았다. 그중에서도 필자는 "나 떨고 있니?"라는 대사가 유독 기억에 남는다. 사람은 불안한 상황에 처하게 되면 몸과 마음이 떨리고, 심할 경우에는 공포를 느낀다. 무대 공포(stage fright)는 누구에게나 약간씩 있기 마련이다. 학교에서 발표를 할 때나 모임에서 자기소개를 할 때, 자기 차례가 오기 전부터 가슴이 쿵쿵 뛰고 땀이 나는 경험을 누구나 했을 것이다. 강의를 하다보면 그런 불안감이나 긴장감이 다양하게 표출되는 경우를 많이 볼 수 있다. 비를 맞은 듯이 땀을 흘리는 경우, 목소리가 떨리고 얼굴이 빨개지는 경우, 시선을 한곳에 두지 못하고 눈동자가 계속 돌아가는 경우, 입술이 떨리거나 얼굴 근육이 떨리는 경우도 있다. 이번 장에서는 스피치를 할 때 일어나는 이런 불안감을 극복하는 방법에 대해 알아보자.

스피치는
순위를 매기기 위해 하는 것이 아니다

- 상황에 따른 불안감 관리 : 발성 연습이나 스트레칭, 입 주위의 근육을 풀어주는 것으로 극복할 수 있다. 새로운 곳에서 스피치를 할 경우에는 미리 그곳에 도착해서 분위기를 익히는 것이 좋다. 또한 복식 호흡을 잘 활용하면 긴장감을 줄일 수 있다.
- 성격에 따른 불안감 관리 : 타인과 비교하지 말라. 스피치는 타인과 비교하는 것이 아니라 자신의 생각을 잘 전달하는 것이 목적이다. 그리고 실패를 두려워하지 말라!

스피치를 배우려고 하는 사람들 대부분은 불안감이나 긴장감을 없애기 위해 필자를 찾아온다. 이는 어려서부터 많은 청중 앞에서 이야기를 해보지 못하고, 자신의 생각을 전달하거나 자신이 주도적으로 무언가를 해보지 못하는 주입식 교육을 받았기 때문이다.

그래서 남들 앞에 서면 긴장을 하거나 불안해질 수밖에 없다. 즉, 주입식 교육에서 오는 문제점이 성인이 되어서도 말을 하는 데 필요한 자신감의 결여로 이어지는 것이 아닌가 싶다.

스피치의 불안감은 크게 상황에 따른 불안감과 성격에 따른 불안감으로 나눌 수 있다. 상황에 따른 불안감은 새로운 상황이나 장소 등으로 인해 나타나는 것으로, 발성 연습을 한다던가, 스트레칭을 한다거나, 입 주위의 근육을 풀어준다거나 하는 식으로 얼마든지 극복할 수 있다. 그리고 새로운 곳에서 스피치를 할 경우에는 미리 그곳에 도착해서 분위기를 익히는 것이 좋다. 또한 호흡을 잘 활용하면 긴장감을 줄일 수 있다. 특히 입과 코를 함께 사용해 복식 호흡을 하면 효과적이다.

성격에서 오는 불안감은 남들 앞에 서는 것 자체를 싫어하거나, 지난날 남들 앞에서 이야기를 하다가 창피를 당한 적이 있거나, 다른 사람의 스피치와 자기의 스피치를 비교하는 것에서 비롯되는 경우가 많다. 이런 사람들에겐 적극적인 마음가짐이 중요하다. 내성적인 성격을 가진 사람은 대부분 나서는 것을 싫어하지만, 자신이 즐기고 좋아하는 일에 대해서는 불안감을 느끼지 않는다. 예를 들면, 남들 앞에 나서서 말하는 것은 싫어해도 악기를 다루거나 노래하는 것을 좋아하고, 춤을 잘 추는 경우도 있다. 이는 자기가 좋아하는 일을 함으로써 불안감이 크게 줄어들기 때문이다.

누구나 실패를 할 수 있다. 창피했던 과거의 경험이 마음먹기에 따라 자기 발전의 계기가 되기도 한다. 다른 사람과 비교하는 것도 마찬가지다. 스피치는 순위를 매기기 위해 하는 것이 아니고, 자신의 생각을 잘 전달하기 위해 하는 것이다. 쓸데없는

비교는 스트레스를 초래하고, 자신을 불행하게 만든다는 것을
잊지 말라.

진실한 마음으로 상대를 대하라

많은 사람들을 자신의 지지자로 만들려면 성의 있고 진실한 태도로 대하라. 감
언이설은 상대방에게 잠시 호감을 줄 수 있지만 금방 들통이 나고 만다. 반면
진실한 마음은 영원히 빛이 바라지 않고 상대에게 깊은 인상을 남긴다. 링컨
이나 루스벨트 등의 리더들이 지금까지 수많은 사람들의 존경과 사랑을 받는
것은 진심어린 마음으로 사람을 대했기 때문이다.

즐겨라!
성공할 것이다!

마음을 열고 관심을 가져라. 긍정적으로 생각하고, 실패하더라도 얼굴을 찌푸리거나 실망하지 말라. 실패까지도 즐겨보자.

나는 개인적으로 사람을 사귀거나 몇몇이 모여 대화를 나눌 때는 말을 잘하는 편이었다. 그런데 사람들 앞에만 서면 말이 잘 나오지 않고, 그런 자리에 적응하지 못했다. 하지만 스피치를 전공하면서 자신감도 생기고 자연스럽게 평정심을 갖게 되었다. 필자의 수강생 중에는 지난날 내가 느꼈던 것과 같은 긴장감이나 불안감을 그대로 갖고 있는 분들이 의외로 많다. 그런 걸 보면 사람들은 모두 비슷한 것 같다. 나만 혼자 그런 게 아니라 다른 사람도 나와 똑같은 불안감을 갖고 있고, 남들 앞에 서는 것에 자신이 없어 한다.

필자는 스피치를 전공한 덕분에 타 학과의 전공자들보다 남 앞에서 발표를 하거나 이야기를 할 시간이 많았다. 과목마다 개인

발표와 조별 발표 시간이 있고, 다른 학교 학생이나 친구 또는 부모님을 초대해 스피치를 할 기회도 많았다. 조별 발표는 단순히 강단 앞에 나가 스피치를 하는 게 아니고, 상황극을 연출해 학생들이 쉽고 재미있게 들을 수 있도록 해야 했다. 특히 'Oral Interpretation' 과목은 마지막 수업 때 청중을 초대하고 무대에 올라가 발표했다. 그 당시에는 이런 일이 얼마나 창피하고 쑥스러웠는지 모른다. 그랬던 내가 이렇게 스피치를 강의하게 된 것은 어느 순간 그 모든 것을 즐기게 되었기 때문이다. 또한 내가 생각하고 만들어낸 스피치에 청중이 좋은 반응을 보이면 더없이 행복하다.

불안감이나 긴장감은 마음에서 오는 것이다. 그걸 극복하기 위해 필자는 강의를 할 때, 상황을 설정해서 스피치를 해보게 한다. 취임식, 이임식, 결혼식, 환영식 또는 토론, 인터뷰, 뉴스 등의 상황극을 하다보면 수강생들의 실력이 향상되는 것을 실감할 수 있다. 그 이유는 각 팀이 상황극을 준비하면서 그 자체를 즐기기 때문이다. 서로 토의하고 좋은 결과를 만들어내기 위해 노력하는 동안 자신도 모르게 그 상황에 빠지게 되는 것이다. 이러한 즐거움이 스스로에게 힘이 되고, 이것이 자연스럽게 실력의 향상을 가져오는 것이다.

창피하고 쑥스러워하는 부정적인 마음을 '조금 못하면 어때.

차차 좋아질 거야.' 하는 긍정적인 마음으로 바꾸도록 하라. 이렇게 생각하고 즐길 줄 알아야 성공할 수 있다. 필자는 요즘 골프를 배우기 시작했다. 아닌 게 아니라 연습장에 간 첫날은 긴장이 되었다. 잘 치는 사람들 속에서 처음 시작을 하려니 쑥스러웠다. 하지만 3주째 접어들면서 긴장감과 불안감이 없어졌다. 그러나 필드에 나가는 첫날은 또다시 긴장하고 불안해질 것이다. 그 이유는 또 다른 상황을 경험해야 하기 때문이다. 그러나 이내 그것조차도 없어질 것이다. 이처럼 자꾸 경험하고 즐기면 긴장감이나 불안감은 사라지게 마련이다.

마음을 열고 관심을 가져라. 긍정적으로 생각하고, 실패하더라도 얼굴을 찌푸리거나 실망하지 말라. 실패까지도 즐겨보자.

성공을 원한다면, 즐겨라!! 성공할 것이다.

기대감을 가져라

사람들은 대체로 다른 이로부터 신뢰를 받고 있다는 사실을 큰 자랑으로 여긴다. 그래서 상대의 기대를 저버리는 일을 무엇보다 두려워한다. 그러므로 상대가 당신을 따르기를 원한다면 그에게 기대감을 표시하라. 상대는 당신이 기대한 만큼 당신에게 충실할 것이다.

기본에
충실하고 연습을 게을리 하지 말라

기본이란 음성의 전달, 자세, 스피치의 구성 등을 말한다. 자신을 가장 크게 발전시킬 수 있는 것은 바로 기본에 충실한 자세다. 기본은 더 큰 발전을 위한 밑거름이며 자신감의 토대이다.

자신을 가장 크게 발전시킬 수 있는 것은 바로 기본에 충실한 자세다. 기본이란 더 큰 발전을 위한 밑거름이며 자신감의 토대이다. 스피치는 어려서부터 학습하는 것이 아니고 자연스럽게 습득하는 것이다. 그래서 일찌감치 부모님이나 선생님으로부터 잘못된 습관과 스타일을 지적받는 경우를 제외하고는, 자신의 결점을 알게 되는 순간 이미 어느 정도 나이가 들어 있게 마련이다.

필자 또한 초등학교 시절에는 책을 읽는 것도 자연스럽지 못했다. 우리나라의 스피치 교육에서 아쉬운 점이 바로 이 부분이다. 어린 시절부터 스피치 교육을 받고 자란 성인과 그렇지 않은 성인은 많은 차이가 있다. 물론 학교에서 발표 수업을 많이 한다고 해서 스피치를 잘하는 것은 아니다. 기본을 가르치고 스피치를 잘할 수 있는 길을 알려주어야 한다. 하지만 예전이나 지금이나 그렇지 못한 현실이 못내 아쉽기만 하다.

나는 수강생들의 기본을 다져주는 데 신경을 많이 쓴다. 어느 정도 스피치를 잘할 수 있게 되면 자기 스타일을 찾게 되는데, 그 전까지는 기본에 충실하고 자신을 스스로 교정할 수 있도록 한다. 자신의 실력이 향상되고 성공적인 결과를 얻을 때까지는 기본에 충실하고 연습을 게을리 하지 말아야 한다.

기본이란 음성의 전달, 자세, 스피치의 구성 등을 말한다. 수업을 진행하다보면 기본 과정을 착실하게 익힌 수강생과 그렇지 못한 수강생 사이에는 확연한 차이가 있는데, 기본 과정을 착실히 익힌 수강생이 교정도 빠르고, 실력 향상도 빠르다는 것을 알 수 있다. 기본을 토대로 꾸준히 연습하면 실력은 자신도 모르게 따라온다.

나는 최고이며,
모든 사람은 나를 응원하고 있다

자신의 모든 관심과 신경을 만족스러운 스피치의 성과에 둔다면 긴장하거나 불안해질 까닭이 없다. 실패하고 싶은 사람은 아무도 없고, 누구도 화자가 스피치를 망쳤으면 하고 바라는 사람은 없다. 자신을 최고라고 생각하고, 청중이 나를 응원하고 있다고 생각하자.

불안감을 느끼는 이유 중 하나는 남들 앞에서 이야기를 할 때 사람들이 자신을 어떻게 생각할지 걱정하기 때문이다. 그러나 청중은 앞에서 이야기하는 사람이 말을 못하길 바라지 않는다. 말을 하는 자신만 그렇게 생각할 뿐이다.

이럴 때는 '청중은 나를 응원하고 있어. 나는 최고야.' 라고 생각하며 스스로 자신을 격려해주는 것이 좋다. 스피치는 평가를 받는 것이 아니다. 평가를 받으려고 생각해서도 안 된다. 자신이 가지고 있는 생각이나 정보를 잘 전달하면 되는 것이고, 얻고자 하는 것이 있으면 얻으려고 노력하면 되는 것이다. 나를 보는 사람들의 시선이 중요한 것이 아니고, 스피치의 목적을 달성하는 것이 중요하다. 스피치를 하는 동안의 긴장감이나 불안감이 중요한

게 아니라 스피치를 마친 후 자신이 만족할 만한 성과를 얻었는지가 중요하다.

필자는 스피치를 공부하면서 많은 어려움을 겪었다. 그건 바로 무대 공포증, 즉 불안감 때문이었다. 특히 사람들을 초청해서 발표할 때는 너무 창피했다. 처음엔 사람들이 눈에 보이지도 않고 뭘 하다가 내려왔는지도 모를 정도로 정신이 없었다. 한마디로 앞이 깜깜했다. 그런데 몇 번 그런 자리에 서보니 사람들이 보이기 시작했다. 내 말을 듣고 즐거워하는 그들의 모습을 보니 힘이 솟고 재미있어지기 시작했다. 그 후로는 늘 이런 생각으로 그 자리를 즐겼다.

'비록 최고는 아니지만, 내가 최고라고 믿자.'

그리고 사람들이 모두 나를 응원하고 있다고 느끼며 나 자신에게 이 상황을 즐기라고 최면을 걸었다. 나는 수강생들에게 스피치를 즐기라고 말한다. 성공한 사람 모두가 자신의 일을 즐겼다고는 생각하지 않지만, 그들 대부분은 자신의 일을 즐기면서 최고가 되기 위해 노력했을 것이다. 아니, 자신이 최고라는 생각을 했을지도 모른다.

자신의 모든 관심과 신경을 만족스러운 스피치의 성과에 둔다면 긴장하거나 불안해질 까닭이 없다. 실패하고 싶은 사람은 아무도 없고, 누구도 화자가 스피치를 망쳤으면 하고 바라는 사람은 없다. 자신을 최고라고 생각하고, 청중이 나를 응원하고 있다고 생각하자. 반드시 좋은 결과가 있을 것이다.

상대의 경쟁심을 자극하라

다른 사람보다 우위를 차지하고 싶은 욕구. 즉 경쟁 의식은 인간의 본능 중 하나이다. 우리가 알고 있는 수많은 리더들에게 만약 경쟁 의식이 없었다면 그와 같은 성공을 이룰 수 없었을 것이다. 그들은 한결같이 경쟁 의식에 자극받아 피나는 노력을 했고, 실패하더라도 다시 일어나 도전했다.

긍정이
부정을 이길 것이다

부정은 한순간 자신을 보호해줄 수는 있을지언정 성공에는 결코 도움이 되지 않는다.
반면 긍정은 한순간 선의의 피해를 볼 수는 있을지언정 성공의 밑거름이 된다.

우리의 마음에는 선과 악이 있듯이, 긍정적인 사고와 부정적인 사고가 있다. 그런데 사람에 따라 이러한 사고가 한쪽으로 기울어지는 경향이 있다. 어떤 사람은 세상을 긍정적으로 보려 하고, 어떤 사람은 부정적으로 보기도 한다. 하지만 부정은 한순간 자신을 보호해줄 수는 있을지언정 성공에는 결코 도움이 되지 않는다. 반면 긍정은 한순간 선의의 피해를 볼 수는 있을지언정 성공의 밑거름이 된다.

필자의 강의가 중반쯤 진행되면 "스피치가 잘 안 돼요."라고 하시는 분들이 종종 있다. 비교적 말을 잘하던 수강생 중에 이런 고민을 털어놓는 분들이 많다. 여기에는 두 부류가 있는데 하나는 '잘하고 있지만 스스로 잘 안 된다' 고 생각하는 사람들이며, 다른 부류는 말 그대로 헤매는 사람들이다.

첫 번째 부류는 자신감이 없는 경우다. 자신이 잘하고 있는데도 늘 부족하다고 생각하며 발전할 수 있는 가능성을 스스로 막아버리는 사람들이다. 이런 사람들은 자신의 성공에도 크게 만족을 느끼지 못한다.

두 번째 부류는 잠시 '외출 중'인 경우다. 처음 시작할 때는 스피치를 비교적 잘하다가 어느 순간부터 이야기가 연결이 되지 않고 횡설수설하는 사람들이다. 이런 경우를 나는 '외출 중'이라고 표현한다. 이런 사람들은 집에 돌아오면 다시 잘할 수 있다. 즉, 부정적인 생각을 버리고 천천히 마음을 다잡으면 된다.

사람들은 일이 잘 안 풀리게 되면 자신도 모르게 부정적인 생각을 하게 된다. 이것은 맑은 하늘에 갑자기 먹구름이 끼는 것과도 같다. 긍정은 또 다른 것을 만들어내지만 부정은 가지고 있는 것마저 잃게 한다는 것을 잊지 말자.

공격적인 말투를 삼가라

부드러움은 강한 것을 능히 이기는 법이다. 공격적이고 강압적인 말투로는 상대를 설득할 수 없다. 위협을 해서 명령에 따르게 할 수는 있으나 그것은 진심에서 우러난 동의가 아니기 때문에 아무런 가치도 없다.

스피치는
그 목적을 갖고 있어야 한다

스피치는 그 목적을 갖고 있어야 한다. 그래야 스피치를 하기 위한 준비와 계획 그리고 실행을 완벽하게 할 수 있다. 목적이 불분명하면 준비는 물론 계획을 세우는 것 자체도 어렵다. 목적은 있으되 정확하게 정리하지 않으면 이 또한 스피치를 하는 데 어려움을 줄 수 있다. 목적에서 벗어나는 순간, 스피치는 길을 잃고 헤매는 어린아이와 같아진다.

우리는 나름의 목적을 가지고 자신의 삶을 영위한다. 목적이 있는 삶과 목적이 없는 삶의 차이는 자신의 미래에 방향을 제시하느냐 그렇지 못하느냐의 차이가 아닌가 싶다.

스피치는 크게 정보 스피치, 설득 스피치, 상황에 따른 스피치 3가지로 분류한다. 각 스피치마다 고유의 목적이 있지만, 크게 2가지로 요약하면 첫째, 자신이 이야기하고자 하는 것을 청중이 잘 이해하고 오래 기억할 수 있도록 하는 것이고, 둘째, 자신이 얻고자 하는 것을 얻기 위한 것이다.

스피치는 그 목적을 갖고 있어야 한다. 그래야 스피치를 하기 위한 준비와 계획 그리고 실행을 완벽하게 할 수 있다. 목적이 불분명하면 준비는 물론 계획을 세우는 것 자체도 어렵다. 그리고 목적은 있으되 정확하게 정리하지 않으면 이 또한 스피치를 하는 데 어려움을 줄 수 있다. 그러므로 목적을 정확히 파악하고 준비와 계획을 세울 수 있어야 한다.

상황에 따른 스피치에도 마찬가지로 목적이 있다는 것을 잊지 말라. 인사말은 '인사를 하는 것'이 목적이고, 자기소개는 '자신을 소개하는 것'이 목적이고, 축사는 '축하하는 것'이 목적이고, 환영사는 '환영을 하는 것'이 목적이다. 그 목적에 충실하자. 목적에서 벗어나는 순간, 스피치는 길을 잃고 헤매는 어린아이와 같아진다. 적어도 성인은 길을 찾을 수 있는 방법을 알고 있지만 어린아이는 그 방법을 몰라 헤맬 뿐이다. 목적에 충실한 스피치를 해야만 얻고자 하는 것을 얻을 수 있다.

사소한 일에도 칭찬을 아끼지 말라

상대의 마음을 사로잡고 싶다면 남들이 보기에 하잘 것 없는 일에도 칭찬을 아끼지 말아야 한다. 칭찬은 사람의 마음을 사로잡는 데 엄청난 힘을 발휘한다.

딱
걸렸어!

누구나 처음 간 곳에서, 처음 본 사람들과 이야기하는 것에 긴장감을 느낀다. 단지 긴장감의 강도가 다를 뿐이다. 많은 사람 앞에 설 기회가 있다면 가장 편하게 느껴지는 상대를 선택하라! 그 사람과 대화를 한다는 생각으로 스피치를 하게 되면 자기도 모르게 긴장감이 사라진다.

대부분의 불안감은 상황에 따른 긴장감에서 비롯된다. 새로운 사람들 앞에서 이야기를 할 때 큰 부담을 느끼는 것도 그 때문이다.

필자는 '일일 특강' 보다는 한 과정으로 이루어진 강의를 많이 하는 편이다. 지금은 강의 자체를 많이 하다보니 긴장을 하거나 불안감을 크게 느끼지 않지만 처음엔 대단했다. 이때 내가 가장 많이 쓴 방법은 수업시간보다 일찍 강의실로 나가는 것이다. 강의실엔 수업을 듣기 위해 일찌감치 와서 자리를 잡고 있는 사람들이 있다. 대부분 열심히 공부하고자 하는 의지가 강한 분들이거나 시간이 남아서 일찍 오신 분들이다.

그런데 이분들에겐 나의 강의에 대해 궁금한 점이나 자신의 부족한 점에 대해 상담하고 싶어 하는 공통점이 있다. 수업 전에 나는 그분들과 이런저런 이야기를 하며 서로 편하게 시간을 보낸다. 그리고 그중에서 호의적이고 편하게 느꼈던 분에게 시선을 주며 강의를 한다. 이렇게 잠시라도 이야기를 해서 서로가 편해지면 긴장감을 줄일 수 있다. 서로 이야기할 시간이 없다면, 내 주위에 있는 사람과 비슷한 느낌이 드는 상대를 선택해 그와 대화한다는 생각으로 강의를 하게 되면 자기도 모르게 긴장감이 사라지는 경우도 있다.

누구나 처음 간 곳에서, 처음 본 사람들과 이야기하는 것에 긴장감을 느낀다. 단지 긴장감의 강도가 다를 뿐이다. 많은 사람 앞에 설 기회가 있다면 가장 편하게 느껴지는 상대를 선택하라! 그리고 이렇게 생각하라!

'딱 걸렸어!'

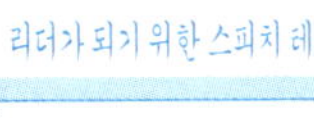

상대에게 조언을 구하라

조언을 구하는 것은 자신뿐만 아니라 상대를 기쁘게 한다. 조언을 구하는 사람은 어려운 문제를 해결할 수 있는 힌트를 얻어서 좋고, 조언을 하는 사람은 타인을 도움으로써 자신의 존재 가치를 높일 수 있어 유익하다.

회의 때의 대화 예절

① 발언 내용은 주제에서 벗어나지 않는 것이어야 한다.

② 발언의 차례가 정해져 있는 경우 이를 반드시 지키도록 하며, 차례가 정해져 있지 않더라도 윗사람이나 상사의 발언이 끝나기를 기다려 자기의 의견을 말하도록 한다.

③ 누구나 알아들을 수 있도록 정확하고 또렷한 목소리로 말한다.

④ 혼자서 너무 오랫동안 발언하지 말고 여러 사람이 자기 의사를 개진할 수 있도록 배려한다.

⑤ 짧은 시간에 요점을 간결하고 알기 쉽게 말한다.

⑥ 의제와 관계없는 사담은 피한다.

⑦ 남의 말을 가로막거나 중단시키는 행위는 삼가야 한다.

⑧ 남에게 불쾌감을 주는 태도나 발언은 금물이다.

① "어서 오십시오."라고 환영하는 마음

② "안녕하십니까?" 하는 밝은 마음

③ "예." 하는 상냥한 마음

④ "수고하셨습니다."라고 위로하는 마음

⑤ "미안합니다."라는 겸손한 마음

⑥ "덕분입니다."라는 겸허한 마음

⑦ "하겠습니다."라고 봉사하는 마음

⑧ "고맙습니다." 하는 감사의 마음

⑨ "그렇습니다." 하는 긍정의 마음

정보 스피치

내가 알고 있는 게 있는데

요즘은 말 그대로 정보화 시대이다. 자고 일어나면 엄청난 정보가 쏟아진다. 책이나 신문을 통해서 많은 정보를 얻었던 시대와 달리 인터넷은 우리가 원하는 정보를 언제든 빠른 시간 안에 엄청나게 얻을 수 있도록 해준다. 하지만 입에서 입으로의 정보 전달은 인터넷과 상관없이 줄지도 변하지도 않는 전달 매체 중 으뜸이 아닐까 싶다.

어떤 기능적 도구를 사용한 정보의 전달과 달리 말로써 이루어지는 정보 스피치는 우리 삶의 일부라고 할 수 있다. 우리는 살아가면서 상대방과 언쟁을 하는 경우가 많다. 이런 일은 특히 상대가 자신이 전달한 정보를 불신하거나 반박할 때 많이 생긴다. 또는 잘못된 정보나 미숙한 전달 방법 때문에 생기기도 한다. 자신은 단지 얻은 정보를 전달했을 뿐인데 상대가 불신을 하게 되면, 자신도 모르게 그 정보를 이해시켜주려고 목소리를 높이게 마련이다. 하지만 정보 스피치는 토론을 위한 것이 아니라 자신이 알고 있는 정보를 전달하는 것이다. 그 이상도 이하도 아니다. 정보를 전달할 때는 상대가 이해하기 쉽고 오래 기억할 수 있도록 하는 것이 중요하다. 이것이 정보 스피치를 잘하는 전략이다.

자신의
경험을 바탕으로 주제를 선택하라

주제는 첫째, 자신의 경력 또는 직업에서 찾을 수 있다. 둘째, 특별하게 흥미를 가지고 있는 분야에서 찾을 수 있다. 셋째, 간접 경험에서 찾을 수 있다. 넷째, 자신에게 벌어진 유일무이한 사건 또는 특이한 일, 인생의 큰 전환점이 되었던 일에서 찾을 수 있다.

강의를 하다보면 어떤 주제를 가지고 정보 스피치나 발표를 많이 하게 된다. 모든 연습 또한 자신이 선택한 주제를 가지고 스피치를 한다. 대부분의 수강생들은 그 주제를 선택하는 데 많은 시간을 들여 고민하는데, 기본 단계에서는 가장 쉽게 이야기할 수 있는 것을 고르는 게 무난하다. 그래서 필자는 자신의 경험을 바탕으로 한 주제를 선택하라고 권하지만, 처음 강의를 접하는 사람들은 그것마저도 쉽지가 않다. 이는 지식이 많고 적고의 문제라기보다 스스로 주제를 선택해서 스피치를 해본 적이 없기 때문에 일어나는 현상이다.

경험을 바탕으로 한 주제는 첫째, 자신의 경력 또는 직업에서 찾을 수 있다. 즉, 자신의 전공, 사회봉사나 단체 활동, 과거 또는 현재의 직업 등에서 오는 경험을 말한다.

둘째, 특별하게 흥미를 가지고 있는 분야에서 찾을 수 있다. 자신이 열정을 갖고 있는 특별한 관심사나 정보를 주제로 선택하는 것이다. 이와 관련해 취미는 가장 쉽게 주제를 고를 수 있는 좋은 토대가 된다. 특히 많은 시간과 돈과 열정을 들이는 취미의 경우는 전문가 못지않은 주제를 선택하는 데 유리하다.

셋째, 간접 경험에서 찾을 수 있다. 간접 경험은 다른 사람에게서 들은 이야기, TV, 영화, 독서 등을 통해 얻어진다.

넷째, 자신에게 벌어진 유일무이한 사건 또는 특이한 일, 인생의 큰 전환점이 되었던 일에서 찾을 수 있다.

주제는 이렇게 다양한 경험을 통해 선택하는 것이 가장 쉽고 좋은 방법이다. 그리고 주제를 글로 정할 때는 하나의 명사로만 짓는 것을 피해야 한다. 예를 들어 '건강', '리더', '성공'이라는 단일 명사는 안 된다. 그 대신 핵심적인 이야기를 할 수 있도록 '건강한 삶을 사는 지혜', '리더가 되기 위한 조건', '성공을 이루는 5가지 핵심 비결' 등으로 정하는 것이 좋다.

주제를 선택할 때는 또한 청중의 관심이나 호기심을 자극할 수 있는가, 청중이 원하는 내용인가, 청중에게 도움이 될 수 있는가, 청중이 그것에 관해서 얼마나 알고 있는가, 자신은 그것에 관해 얼마나 알고 있는가 등등을 면밀히 따져봐야 한다. 그리고 주어진 시간 안에 그 주제로 스피치를 완성할 수 있을지 없을지도 파악해야 한다.

상대의 체면을 세워라

상대의 체면을 세워준다는 것은 매우 중요한 일이다. 다른 사람들이 보는 앞에서 부하 직원이나 아이들을 윽박지르거나 자존심을 깎아내리지 말라. 좀 더 신중하게 행동하고 진심어린 말로 상대방의 마음을 배려해주면 굳이 환심을 사려고 노력하지 않아도 상대의 마음을 사로잡을 수 있다.

또 다른
경험은 또 다른 스피치를 만든다

지식이 많아야 스피치를 잘한다고 생각하는 경우가 많다. 하지만 지식이 많은 사람들이 스피치를 잘한다면, 학자들은 모두 달변에 강의를 잘해야만 할 것이다. 하지만 현실은 그렇지 못하다. 스피치를 잘하기 위해서는 기본을 충실히 연습하고, 자신의 직간접적인 경험을 올바르게 구성해야 한다. 경험이 다양할수록 이야깃거리도 풍부하다.

우리는 살아가면서 직접 경험과 간접 경험을 하게 된다. 그리고 이러한 경험들은 대화를 하거나 다양한 성격의 스피치를 할 때 효과적으로 사용할 수 있다. 특히 '주의 끌기'를 할 때 청중에게 주제와 관련된 특별한 흥미를 제공할 수도 있다.

필자는 스피치를 '응용을 통한 창조의 산물을 만들어내는 것'이라고 생각한다. 우리가 살고 있는 이 시대는 과거의 산물을 응용한 창조를 통해 빠르게 돌아가고 있다. 마찬가지로 스피치 또한 주제와 상황에 맞게 다른 이야깃거리를 만들어낼 수 있어야 한다.

책을 많이 읽는 것만으로는 말을 잘할 수 없다. 책에서 얻은 간접 경험을 효과적으로 응용하거나 활용할 수 있어야 한다. 필자를 찾아오는 사람 중에는 지식이 많아야 스피치를 잘한다고 생각하는 경우가 많다. 하지만 지식이 많은 사람들이 스피치를 잘한다면, 학자들은 모두 달변에 강의를 잘해야만 할 것이다. 하지만 현실은 그렇지 못하다. 오히려 그들이 지닌 지식만큼 스피치를 잘하는 사람을 보기가 힘들 정도다.

그래서 필자는 스피치를 잘하기 위해서는 기본을 충실히 연습해야 한다고 가르친다. 그리고 스피치를 준비할 때는 자신의 직간접적인 경험을 올바르게 구성해야 한다. 자신의 인생과 함께하는 경험이 다양할수록 이야깃거리도 풍부해질 것이다.

이렇게 자신의 스피치 능력을 키워나감과 동시에 다양한 경험을 쌓는 것이 중요하다는 사실을 잊지 말자. 경험은 자신이 이야기하고자 하는 주제나 이야깃거리가 될 수 있으며, '주의 끌기'나 실례, 사례 등으로 활용할 수 있는 훌륭한 재료이다.

'네.'라고 대답할 수 있는 문제를 던져라

상대방이 '네.'라고 말하지 않을 수 없는 질문을 하고, 다음 질문 역시 '네.'라는 대답을 이끌어내는 질문을 한다. 이렇게 되풀이하면 상대방은 자신이 최초에 부정했던 문제에 대해서도 '네.'라는 대답을 하게 될 것이다.

정보는
정보일 뿐

정보란 상대를 설득하는 것이 아니다. 나의 정보를 받아들이는 것은 청중의 선택이며, 그 선택에 강요나 설득, 집착이 들어가서는 안 된다. 정보는 정보일 뿐이다. 그걸 받아들이는 것은 상대의 몫이다. 그러므로 정보 스피치는 자신의 정보를 상대가 잘 이해할 수 있도록, 오래 기억할 수 있도록 하는 것에 초점을 맞추어야 한다.

세상에는 우리가 알지 못하는 것이 무수히 많다. 자고 일어나면 바뀌는 것이 세상이고 흘러가는 것이 정보이다. 이런 정보화 시대에 살고 있는 만큼 우리는 상대에게 어떤 정보를 전달하는 경우가 많다.

정보 스피치는 청중을 설득하려 하지 않고, 자신이 가지고 있는 정보를 청중에게 전달하는 것을 말한다. 자신이 얻은 정보나 잘 알고 있는 분야, 즉 본인의 직업, 취미, 경험들에서 우러나오는 스피치이다. 하지만 대부분 사람들은 '정보는 정보일 뿐'이라고 생각하지 않는다. 그래서 그 정보가 절대적인 것인 양 말하거나 상대가 그 정보에 대해 의문을 갖게 되면 서로 언쟁을 하는 경우가 종종 생긴다.

그러나 정보란 상대를 설득하는 것이 아니다. 나의 정보를 받아들이는 것은 청중의 선택이며, 그 선택에 강요나 설득, 집착이 들어가서는 안 된다. 정보는 정보일 뿐이다. 그걸 받아들이는 것은 상대의 몫이다. 그러므로 정보 스피치는 자신의 정보를 상대가 잘 이해할 수 있도록, 오래 기억할 수 있도록 하는 것에 초점을 맞추어야 한다.

사소한 정보란 없다

상대의 마음을 움직이고 싶다면 사소한 정보를 소홀히 하지 말라. 자신의 입장에서는 그것이 하찮고 사소해 보여도 상대방의 입장에서는 가장 중요한 관심사일 수 있다. 어떤 정보도 흘려듣지 않는 귀를 가진 사람이 그렇지 않은 이보다 유능한 리더가 될 가능성이 높다.

정보의
유형에 따른 스피치

- 증명 또는 설명/강의 스피치 : 강의나 실질적인 증명 또는 설명을 통해 세부적인
 지식을 전달하는 스피치를 말한다.
- 정보(안내) 스피치 : 매우 일반적인 형태의 정보 전달로, 청중에게 전반적인 이해를
 제공하는 것이 목적이다.

스피치는 정보의 유형에 따라 매우 다양하게 이루어진다. 예를 들면, 강의를 할 때, 길을 안내할 때, 백화점 세일 상품을 알려줄 때, 모델 하우스에서 건물의 구조나 기능 등을 설명할 때 등 상황에 따라 스피치의 성격이 달라지는 것이다.

강의나 어떠한 주장을 증명하는 형태의 정보 제공은 새로운 상품을 소개하거나 새로운 서비스를 소개할 때처럼 보다 세부적인 지식과 정확한 목적이 필요한 스피치의 유형이다. 또한 강사나 선생님들이 불교의 도입 경로를 지도를 통해 설명하는 것, 생물학에서 동물의 해부도를 보여주며 설명하는 것, 소화기의 사용법을 순서대로 설명하고 시범을 보여주는 것 등도 여기에 속한다. 이러한 스피치는 시각적인 보조 도구를 사용해 쉽게 설명할 수 있는 장점 때문

에 프레젠테이션을 많이 하는 회사나 정부, 교육기관이나 협회 등에서 많이 이루어진다. 예를 들면, 기획팀의 상반기 성과 발표, 신도시 계획이나 수도 이전 계획에 대한 설명, 새로운 학술지에 대한 설명 등을 들 수 있다.

안내 스피치는 매우 일반적인 형태의 정보 전달을 말한다. 이것은 청중에게 전반적인 이해를 제공하는 것이 목적이다. 예를 들어 자동차에 관해 이야기를 한다고 치자. 이때는 자동차를 조립하는 과정과 동작 원리, 또는 자동차의 역사와 디자인의 변천 과정 등에 관해 일반적인 스피치를 하게 된다.

그러나 자동차의 성능을 분석하거나 여러 가지 실험을 통해 그것을 증명해 보이는 스피치를 할 때는 보다 구체적이고 명확한 자료를 가지고 청중을 설득해야 한다.

외교적인 사람이 돼라

외교적인 사람은 상대가 누구든 시비를 가리는 논쟁을 하지 않고 상대의 잘못을 지적하지 않으며 좋은 관계를 유지하는 수완을 발휘한다. 상대의 의견을 존중하고 결코 자신이 우월하다고 생각하지 않는다. 그리고 인간관계를 무엇보다 우선시한다.

주제를
잘 선택하여 목적지를 정하자

주제를 잘 잡으면 목적이 생기고, 그 목적에 따라 정보 스피치를 할지, 설득 스피치를 할지 결정할 수 있다. 즉, 주제를 잘 선택해야 목적지가 잘 보이고, 그 목적지까지 수월하게 갈 수 있는 방법을 쉽게 찾을 수 있다.

필자의 강의 중반부에서는 자유 주제로 스피치를 많이 하게 된다. 그런데 대부분의 수강생은 주제를 선택하는 데 많은 시간을 소비한다. 하지만 주제는 멀리서는 찾을 수가 없고 찾았다 해도 좋은 스피치를 만들어낼 수 없다. 주제는 내가 가장 잘 알고 있는 사실이나 직업, 취미, 현재의 관심사 등에서 선택하는 것이 좋다. 또한 자신의 능력을 벗어나는 어려운 주제를 선택해서도 안 된다.

무엇보다 모두가 공감할 수 있는 쉬운 주제를 선택하는 것이 가장 좋은 방법이다. 주제가 너무 광범위하면 스피치의 초점을 정확하게 맞추기가 쉽지 않다. 예를 들면 '건강을 지키는 3요소', '가장 즐겨 먹는 음식 5가지', '추천하고 싶은 여행지 2곳' 등 막연하지 않은 주제를 선택하도록 하라.

대부분의 수강생들은 주제를 선택하는 것에서부터 막히기 시작한다. 그러다보니 스피치의 시작과 내용이 제대로 정리되지 않는 것은 당연하다. 주제를 잘 잡으면 목적이 생기고, 그 목적에 따라 정보 스피치를 할지, 설득 스피치를 할지 결정할 수 있다. 즉, 주제를 잘 선택해야 목적지가 잘 보이고, 그 목적지까지 수월하게 갈 수 있는 방법을 쉽게 찾을 수 있다.

취미에 대해 이야기하라

우리가 처음 대면하는 사람에게 의례적으로 취미를 물어보는 것은 그에게 좀 더 친숙하게 다가가기 위함이다. 상대의 취미에 대해 진심으로 흥미를 가지고 열성을 보인다면 상대의 마음을 움직이는 데 큰 도움이 될 것이다.

상대를
분석하면 길을 찾기가 쉬워진다

청중에 대한 분석은 스피치를 준비하는 자료로 사용할 수 있고, 구성을 하는 데 도움이 될 수 있다. 또한 언어 구사, 스피치의 스타일, 보조 도구의 활용 등을 어떻게 할 것인지에 대한 도움을 줄 수도 있다. 청중에 대한 분석은 스피치 전에만 하는 것이 아니다. 스피치를 시작하기 바로 전과 후에도 청중과의 대화나 질문, 설문을 통해 청중을 분석할 수 있다.

주제를 통해 정보 전달의 목적지를 설정했다면, 목적지로 가는 길을 찾아야 하는데, 이것이 바로 '구성'이다. 구성 이외에 길을 찾는 또 다른 방법은 청중을 분석하는 것이다. 물론 단순히 청중만을 말하는 것은 아니다. 인원에 상관없이 상대를 분석한다면 어떻게 이야기를 해나가야 할지 길을 찾을 수 있다.

개인의 경우는 성격, 이야기하는 스타일(언어 구사의 수준, 음성 전달의 형태, 제스처의 사용 유무), 공감대를 형성할 수 있는 주제, 연령, 성별 등을 알아낸다면 전략적인 스피치를 하기기가 훨씬 쉬워진다. 상대가 말을 빨리 하는 스타일이라면 어느 정도 스피드를 맞추어주는 게 좋을 것이다. 그러지 않으면 상대가 짜증을 낼 수도 있다. 반대로 상대는 차분한 대화를 좋아하는데 이쪽에서 말을 빨리 한다면 이것 역시 상대를 짜증나게 하는 일이다.

스피치를 배우고 연습하는 이유가 바로 이것이다. 상대는 나에게 맞추어주지 못하지만 나는 상대의 스타일에 맞출 수 있도록 하는 것이 가장 성공적인 화법이 아닐까 싶다.

청중은 개인의 경우와 달리 더 많은 분석이 필요하다. 우선 청중의 크기를 통해 스피치의 형태를 가늠할 수 있다. 청중이 많을수록 형식적이고 의례적인 스피치를 하게 되고, 적은 인원일수록 대화를 하듯 편안하게 스피치를 할 수 있을 것이다. 이렇게 어느 정도의 청중인지를 파악하면 강의를 하는 장소의 크기도 자연스럽게 알 수 있다. 장소의 크기는 긴장감을 높이는 요인이기도 하지만, 그것과 상관없이 새로운 장소는 누구에게나 긴장감을 주기 때문에 미리 한 번 찾아가서 분위기를 익히는 것이 좋다.

대학을 다닐 때 수업 대신 다른 강의를 듣는 경우가 종종 있었다. 나의 의사와는 상관없이 출석에 포함되기 때문에 어쩔 수 없이 참관하는 경우가 대부분이었다. 물론 그 강의가 유익하거나 관심을 가지고 있는 분야라면 기분 좋게 참석해서 경청했다. 하지만 그렇지 않은 경우는 옆의 친구와 이야기를 하거나 낙서를 하며 시간을 보냈다. 이와 달리 청중 스스로가 관심을 가지고 찾아오는 강의도 있다. 이 경우와 같이 청중이 왜 내 강연을 듣기 위해 오는지를 알면 준비를 어떻게 해야 하는지 해답이 나온다. 다시 말해, 어떻게 하면 알찬 강의를 하고 청중에게 관심과 호기심을 줄 수 있는지 알 수 있다. 그 밖에 청중의 성별, 나이, 고향, 직업, 종교, 교육 수준 등을 파악할 수 있는 통계 자료를 통해서도 그 청중의 태도, 가치, 요구 등을 알 수 있다.

이렇게 청중에 대한 분석은 스피치를 준비하는 자료로 사용할 수 있고, 구성을 하는 데 도움이 될 수 있다. 또한 언어 구사, 스피치의 스타일, 보조 도구의 활용 등을 어떻게 할 것인지에 대한 도움을 줄 수도 있다. 청중에 대한 분석은 스피치 전에만 하는 것이 아니다. 스피치를 시작하기 바로 전과 후에도 청중과의 대화나 질문, 설문을 통해 청중을 분석할 수 있다. 뿐만 아니라 다음 스피치를 준비하는 자료로도 활용할 수 있다는 점을 잊지 말아야 할 것이다.

상대가 스스로 생각하도록 만들어라

사람은 자기 의견을 무시한 채 강요하는 것을 좋아하지 않는다. 이 점을 염두에 두지 않으면 어떤 분야에서든 성공적인 리더가 될 수 없다. 상대를 통제하기 전에 상대로 하여금 스스로 생각하게 하라.

정보 스피치의
정확성을 위해 주의해야 할 것

정보 스피치에서 가장 중요한 요소는 바로 정확성이다. 정확한 정보를 청중에게 전달하는 것이 생명이다. 잘못된 정보는 자칫 타인이나 청중에게 손해를 줄 수 있으며, 자신에 대한 신뢰와 믿음에 오점을 남기게 된다. 따라서 말하고자 하는 정보의 사실 여부를 확인하고 검토해야 한다는 것을 잊지 말아야 한다.

우리는 대화를 통해 다양한 정보를 교환하고 삶에 필요한 정보를 활용한다. 이러한 정보를 효과적으로 활용하기 위해서는 **첫째, 정확한 전달이 중요하다.** 특히 정보 스피치에서 가장 중요한 요소는 바로 정확성이다. 정확한 정보를 청중에게 전달하는 것이 생명이다. 잘못된 정보는 자칫 타인이나 청중에게 손해를 줄 수 있으며, 자신에 대한 신뢰와 믿음에 오점을 남기게 된다. 따라서 말하고자 하는 정보의 사실 여부를 확인하고 검토해야 한다는 것을 잊지 말아야 한다.

둘째, 세부 항목에 주의한다. 발표하고자 하는 내용이 종이학을 접는 방법이라면, 종이학을 만드는 세부적인 단계 및 과정을 열거하는 데 집중해야 한다. 하지만 세부 항목은 주제에 대한 청중의 지식에 따라 약간의 소개만으로도 충분한 경우가 있을 수 있다.

셋째, 완벽함이다. 스피치에 필요한 세부적인 것들을 모두 적어두고 완벽하게 준비하는 것이다. 이러한 과정은 선택한 주제와 관련된 부수적인 부분에도 세밀한 주의를 기울일 수 있는 기회가 되며 좋은 결과를 이끌어내는 밑거름이 된다.

넷째, 명확성이다. 만약 청중이 스피치를 이해하지 못한다면, 아무리 정확하고 완벽한 준비를 했다 해도 스피치의 의도를 강화하는 데 도움을 줄 수 없다. 따라서 논리적이고 추론적인 순서에 따른 발표가 요구된다. 실례, 통계, 시각적 도구 등은 주제를 명확하게 묘사하는 데 도움을 준다. 물론 유창한 언변도 큰 비중을 차지한다는 것은 두말할 여지가 없다.

다섯째, 구성의 단일성 또는 일관성이다. 만약 세익스피어의 생애에 관해 이야기하려고 한다면, 연대순으로 배열하는 것이 좋을 것이다. 자동차의 제조에 관해 이야기하려고 한다면, 총론적(원칙적)인 오더(order, 구성 요소의 배열에 주안점을 잡는 것)를 사용하는 것이 좋다. 말하자면, 주제의 내용에 맞게 스피치를 단일하고 일관성 있게 구성하는 것이 좋다. 물론 상황에 따라 복합적인 구성 방법을 사용할 수도 있다.

말을 하려거든 침묵보다 뛰어난 것을 말하라. 그렇지 않으면 가만히 있는 편이 낫다.
— 독일 격언

가루는 칠수록 고와지고, 말은 할수록 거칠어진다.
— 한국 격언

냉수 한 사발보다 부드러운 말 한마디가 마음을 진정시킨다.
— 영국 격언

말이 세련되었을 때, 담화는 뛰어난 기술이며 예술에 가까운 것이다.
— 라복고

접시는 그 소리로써 그 장소에 있는지 없는지를 알고, 사람은 말로써 그 지식(知識)이 있는지 없는지를 안다.
— 데모스테네스

말이란 먼저 거슬리고 뒤에 순한 것이 있고, 또 밖으로는 가깝고 안으로는 먼 것이 있다.
— 이규보

말은 한 사람의 입에서 나오지만, 천 사람 만 사람의 귀로 들어간다.
— 서양 격언

강의와 연설을 하는 예절

① 정해진 시간을 지킨다

시작하는 시간과 끝내는 시간을 정확하게 지켜야 한다. 시작이 늦어지면 여러 사람을 기다리게 하고, 끝내는 시간을 지키지 않으면 다음 차례의 강사나 연사에게 지장을 주게 되며 진행에 차질을 빚게 된다.

② 주어진 주제를 벗어나지 않는다

정해진 주제에서 벗어나 엉뚱한 이야기를 하면 듣는 사람들의 기대를 저버릴 뿐 아니라 그 효과도 반감된다.

③ 강의나 연설의 요지를 미리 준비한다

정해진 시간에 효과적으로 이야기하려면 말해야 할 요지를 미리 준비해서 이야기의 흐름과 맺음을 분명히 해야 한다.

④ 듣는 사람이 누구인가를 고려한다

듣는 사람의 연령, 성별, 직업, 지적 수준 등을 파악해서 이야기할 범주를 설정해야 한다.

⑤ 목소리의 강약과 완급에 주의한다

확성 장치가 있으면 그 효과에 유의하고, 확성 장치가 없으면 모든 청중이 알아듣도록 음성을 높여야 한다. 대중을 상대로 말할 때의 속도는 단독 대화 때와 달리 여유가 있고 또박또박해야 한다.

⑥ 시작할 때와 끝낼 때의 인사말을 잊지 않는다

① 시간을 지킨다

강의나 연설이 시작되기 전에 정해진 자리에 앉고, 끝나기 전에 먼저 나오는 일이 없도록 한다.

② 정숙하고 바른 자세로 듣는다

잡담을 한다거나 자세를 흐트러뜨리면 주위 사람들의 집중력을 해칠 뿐 아니라 말하는 사람에게도 큰 결례가 된다.

③ 마음으로 새겨듣는다

강사나 연사의 눈빛과 표정, 몸놀림 하나하나를 주시하며 마음을 기울여 새겨듣는다. 또한 필기도구를 준비해 내용을 요약해가며 듣는 것도 훌륭한 듣기 자세이다.

④ 강사나 연사가 말하는 도중에 질문하지 않는다

말하는 도중에 질문을 해서 이야기의 흐름을 막아서는 안 된다. 이야기가 끝나거나 시간이 따로 주어졌을 때 질문하도록 한다.

⑤ 싫다거나 지루하다는 표시를 하지 않는다

졸음이 오면 가만히 일어나 맨 뒷자리로 가서 듣는다. 강사나 연사가 보는 앞에서 하품을 하는 것은 금물이다.

⑥ 야유나 소란을 피우지 않는다

비록 이야기의 내용에 경청할 만한 것이 없다 하더라도 다른 청중의 입장을 존중해 야유를 한다거나 소란을 피우지 않는다.

설득 스피치

내가 원하는 건 얻고 말 거야

설득 스피치는 수사학에서 출발하였다. 당시는 설득을 진실성, 감정에 대한 호소, 논리에 의해 이루어진다고 보았다. 설득의 결과는 크게 '신념을 바꾸게 하는 것'과 '행동하게 만드는 것'으로 나눌 수 있다. 세일즈맨의 경우, 과거의 영업 스타일은 무조건적인 설득이었지만 요즘은 꾸준히 새로운 정보를 제공하고 난 후 설득 작업에 들어가는 형태로 바뀌었다. 이 바쁜 세상에 누군가가 나를 자꾸 설득하려 하거나 귀찮게 하는 것을 좋아할 사람은 아무도 없다.

그렇다면 어떻게 설득을 해야 할까? 설득이란 정말 어려운 일이다. 우선, 대중을 설득하려면 음성의 전달을 자유자재로 할 수 있어야 한다. 나는 설득 스피치를 강의할 때 〈Any Given Sunday〉라는 영화를 자주 보여준다. 미식축구를 다룬 영화인데, 알 파치노가 경기를 시작하기 전에 행하는 설득 스피치를 보여주며 수업을 하는 것이다. 이 영화에서 내가 강조하는 것은 한 가지이다. 영어를 이해하지 못해도 상관없다. 여기서 중요한 것은 스피치를 할 때의 음성 변화, 감정의 표현, 제스처, 얼굴 표정 등이다. 물론 내용도 중요하다. 하지만 무엇보다 먼저 스피치를 자유자재로 할 수 있어야 한다. 이것이 안 되면 설득 스피치를 하기가 어렵다. 물론 화자의 마음에서 우러나오는 진정한 스피치는 사람들의 마음을 움직이고 감동을 줄 수 있다. 하지만 설득 스피치는 다르다. 나와 다른 생각을 가진 사람의 신념을 바꾸고, 그로 하여금 행동하게 만드는 것은 그리 쉬운 일이 아니다.

설득
스피치의 구성

마슬로우의 욕구를 활용해서 청중의 욕구를 자극하는 것이 좋다. 서론에서는 화자의 입장이나 주장을 진술하되 정보 스피치를 할 때의 언어 또는 음성 전달보다 동적이고 힘이 있어야 한다. 서론에서 자신의 입장에 대한 진술이 끝나면 본격적인 설득에 들어가는데, 이때는 스피치를 어느 방향으로 끌고 갈 것인지, 자신의 입장이나 주장은 명확한지 재확인이 필요하다.

설득 스피치의 전략을 다룬 책들은 무수히 많다. 일반인들에게 필요한 설득 기법, 비즈니스를 위한 설득 기법 등 다양한 방법이 있지만 성공적인 스피치를 하기 위해서는 무엇보다 우선 올바른 구성이 필요하다. 앞서 세릴 해밀턴의 FLOW 기법에 대해 설명했듯이 먼저 청중의 주의를 끄는 것부터 시작해야 한다. 만약 청중이 처음부터 화자의 주장에 귀를 기울이려 하지 않는다면, 그런 청중을 설득을 하기란 여간 어려운 일이 아니다. 주의를 끌 때에는 청중이 호의적인지, 중립적인지, 흥미가 있는지 없는지 또는 적대적인지에 따라 방법을 선택해야 한다. 이때 필요한 것이 청중에 대한 분석이다.

또한 경청을 할 수 있는 동기도 제공해야 한다. 청중에게 화자의 스피치가 어떠한 이익을 줄 것인지 확신시켜주어야 한다. 이 때는 마슬로우의 욕구(Maslow's need : 자아실현의 욕구, 존경과 명성의 욕구, 귀속과 사랑의 욕구, 안전과 치안의 욕구, 육체적 욕구)를 활용해서 청중의 욕구를 자극하는 것이 좋다.

다음은 서론으로, 화자의 입장이나 주장을 진술하는 것이다. 이때 통상적으로 화자는 주제에 대한 자신의 입장이나 주장이 어느 쪽인지를 표명하게 된다. 그러나 만약 청중이 화자의 주장에 적대적인 상황에서 스피치의 서론 부분에 자신의 정확한 입장이나 주장에 대한 구체적인 내용을 넣는다면, 청중은 아예 경청을 하려고도 하지 않을 것이다. 이럴 경우에는 화자의 입장이나 주장을 본론이나 결론 부분에 넣는 것이 좋다. 본론에 넣을 경우는 가능하다면 각각의 요지마다 청중의 동의를 얻도록 하라. 화자의 입장이나 주장을 펼 때 필요한 언어는 정보 스피치를 할 때의 언어 또는 음성 전달보다 동적이고 힘이 있어야 한다.

서론에서 자신의 입장에 대한 진술이 끝나면 본격적인 설득에 들어가는데, 이때는 스피치를 어느 방향으로 끌고 갈 것인지, 자신의 입장이나 주장은 명확한지 재확인이 필요하다. 또한 정보의 배경이 잘못됐거나 혼동되는 말이나 표현은 없는지 확인해야 한다. 그리고 본론의 구성에 쓰이는 일정한 양식을 선택해서 사용하는 것이 좋다.

첫째, 주장이나 단언의 양식이 있다. 지지하는(지지하지 않는) 특정한 방법, 유지하는(유지하지 않는) 특정한 가치, 믿고 있는(믿고 있지 않는) 특정한 사실에 대한 주장 또는 단언을 말한다.

둘째, 원인 또는 인과 관계의 양식이 있다. 정보 스피치에서 원인 또는 인과 관계의 양식은 '원인—영향' 그리고 '영향—원인'을 모두 사용한다. 그러나 설득 스피치에서는 보편적으로 '원인—영향'을 사용하고 해결(법) 또는 행동이 그 뒤를 따른다.

셋째, 문제—해결 양식이 있다. 여기엔 다양한 형태가 있으나 (1) 문제—해결—이익, (2) 문제—해결—행동의 두 가지가 형태가 가장 대중화되어 있다. 두 형태 모두 문제의 심각성, 청중에게 미치는 영향에 대한 세부적인 검토로 시작된다. 이때 해결은 문제의 개선에 대해 발표하는 부분이다. 추가적 이익과 행동은 해결로부터 비롯된 결과를 보여준다.

넷째, 상대적인 이익의 양식이 있다. 청중이 문제에 대해서는 이미 화자의 주장에 동의했지만 해결에는 완전히 동의하지 않은 것을 말한다. 상대적인 이익의 양식은 청중이 부분적인 이익 또는 이점에 집중하는 것, 다시 말하면 결과로 진행하는 과정에 따르는 이익에 집중하는 것이라고 보면 된다.

다섯째, 표준 또는 규범에 대한 만족의 양식이 있다. 이것은 가능한 방법이나 해결을 평가하기 위해 따르는 규칙이나 지침을 말한다.

즉, 화자의 방법이 표준 또는 규범을 충족시키는지 또는 뛰어넘는지를 판단하는 것이다. 청중의 가치와 욕구를 신중히 검토해서 왜 화자의 표준 또는 규범이 중요한지에 대해 말한다.

화자는 우선 스피치의 두 형태(신념, 행동) 중 어느 쪽을 취할 것인지 결정하고, 위에서 설명한 구성 양식 중 어떤 것을 사용할지에 대해서도 선택해야 한다.

마지막으로 결론 부분이다. 결론은 청중을 설득할 수 있는 마지막 기회라는 점에서 아주 중요하다고 할 수 있다. 설득 스피치의 결론은 5가지 단계가 포함된다.

첫째, 주장, 입장 또는 추천의 요약이다. 이것은 화자의 일반적인 입장 또는 설득력 있는 주장 그리고 추천이나 충고를 청중에게 상기시켜주는 것이다. 요약을 하는 도중에는 시각적 보조 도구를 활용해 청중으로 하여금 쉽게 기억할 수 있도록 한다.

둘째, 미래의 예견이다. 청중들 자신의 행복, 성공, 건강 등에 대한 예견을 해주는 것이다. 이때는 청중의 눈을 똑바로 봐야 하며, 힘 있고 활기찬 언어와 음성을 사용하고, 감정과 정직함을 가지고 말해야 한다.

셋째, 행동의 요청 또는 호소이다. 이미 감정에 대한 호소, 신용(신뢰) 또는 증거와 함께 자기주장을 했다 해도 청중에게 화자가 설득하고자 하는 믿음이나 행동을 정확하게 알릴 수 있는 방법을 취하는 데 착오나 실수를 할 우려가 있다. 청중을 설득하기 위해서는 화자의 정확한 입장과 믿음과 행동을 결론 부분에서 명확하게 짚어주는 것이 효과적이다. 다시 말해, 화자는 청중을 설득하기 위해 마지막까지 최선을 다해야 하며, 긴장을 늦춰서는 안 된다.

넷째, 인상적인 방법으로 흥미의 초점을 다시 맞추는 것이다. 이것은 '행동의 요청 또는 호소' 후에, 청중의 흥미를 다시 한 번 끄는 것을 말한다. 이때는 자신이 설득하고자 하는 주안점의 일부를 효과적으로 사용한다. 이러한 주안점의 일부로는 사실의 세부 항목, 두 개 또는 세 개 정도의 짧은 예, 농담이나 유머러스한 예, 간결한 인용, 자극적인(놀랄 만한) 사실, 수사적 질문, 우화, 시, 간단한 증명 등이 있다. 때에 따라서는 스피치의 마지막 부분에서 이것들을 사용해도 무방하다.

다섯째, 동기가 부여된 결과나 순서를 활용하는 것이다. 이것은 설득 스피치 구성의 대중적인 방법의 하나로, 다섯 단계로 구성된다. 그중 첫째는, 주의의 단계이다. 이는 청중의 시선을 잡고 스피치를 계속 경청할 수 있도록 욕구를 증대시켜주는 것이다. 둘째는, 욕구의 단계이다. 욕구의 해결을 위해 문제에 대한 청중의 주의를 이끄는 것이다. 셋째는, 만족 또는 성취의 단계이다. 여기에는 (1) 어떤 제안이나 제의를 할 것인지 간단하게 진술하기, (2) 명확하게 설명하기, (3) 어떻게 문제를 풀거나 고칠 수 있는지 보여주기, (4) 실행 가능성의 증명, (5) 반론이나 반대에 대한 화답 또는 대답 등이 있다. 넷째는, 눈에 보이는 시각적인 단계이다. 이것은 미래에 대해 생생하게 묘사하는 것이다. 긍정적인 측면과 부정적인 측면 또는 반대되는 방법을 활용하기도 한다. 반대되는 방법을 활용할 때는 부정적인 측면을 시작으로 마지막에 긍정적인 측면을 묘사한다. 이러한 순서를 거치는 것은 청중에게 믿음, 감정 또는 동기나 행동에 대한 욕망 또는 의지를 강렬하게 만들기 위함이다. 다섯째는, 행동 단계이다. 이것은 화자가 청중으로 하여금 특정한 행동을 취하게끔 하는 호소나 요청에 대한 스피치이다. 이때 화자는 청중에게 무엇을 어떻게 해주길 원하는지 정확히 말해야 한다.

화자의
신용에 기반을 두어라

화자의 신뢰도를 증대시키기 위해서는 청중과 눈 맞춤을 유지하면서 부드럽고, 힘 있고, 자신 있는 태도로 자신의 생각을 발표하고, 스피치를 하는 동안 프로페셔널하게 보이는 것이 중요하다.

설득은 신용에 기반을 두어야 하며, 신뢰와 믿음이 있어야 한다. 주제와 관련이 적은 청중은 주장 또는 증거의 질보다 화자의 전문적인 자질에 의해 더 쉽게 설득된다. 반대로 주제와 관련이 많은 청중은 화자의 신용보다 그 주장이나 증거의 질적인 면에 의해 더 쉽게 설득된다. 설득의 메시지에 동영상이나 비주얼 또는 청각적인 형태가 동원될 때, 청중의 설득 수위는 화자의 신용에 따라 결정된다. 그러나 설득의 메시지가 인쇄된 양식으로 동원될 때는 그 증거의 질에 의해 청중의 설득 수위가 결정되는 경향이 많다. 이는 아마도 인쇄물이 오디오나 비디오보다 자료를 신중하게 분석할 수 있는 시간적 여유가 허락되기 때문일 것이다.

청중과 화자 사이에 비슷한 인식을 공유하고 있다면 설득은 강화되어진다. 이는 청중의 인식이 화자의 인식과 비슷하다는 이유로 화자를 더 신용하기 때문이다. 이러한 신용의 기본적 요소로는 신뢰, 능력, 활력 또는 패기, 객관성 또는 객관적 타당성이 요구된다.

화자의 신뢰도를 증대시키기 위해 그 주제에 대해 높은 신뢰도를 갖고 있는 전문가가 화자를 소개할 때 유능하고 믿을 만한 연사라는 점을 부각시키는 방법도 있다. 화자가 자신의 의지를 보여주기 위해 문제의 양면성(이익뿐만 아니라 불이익까지)을 언급하는 것도 좋은 방법이다. 하지만 무엇보다 청중과 눈 맞춤을 유지하면서 부드럽고, 힘 있고, 자신 있는 태도로 자신의 생각을 발표하고, 스피치를 하는 동안 프로페셔널하게 보이는 것이 중요하다.

상대의 존재 가치를 높여라

상대방을 설득하거나 따르게 하려면 강압적으로 명령하거나 추궁하지 말고 그의 존재 가치를 높여라. 사탕발린 말을 구구절절 늘어놓거나 명령을 하지 않아도, 상대를 진심으로 존중하고 그 가치를 알아주면 누구든 자발적으로 당신을 따를 것이다.

논리적으로
증거를 제시하고 설명하라

설득 스피치에서는 증거의 적절한 사용이 필요하며, 논리적으로 그 증거를 제시하고 설명할 수 있어야 한다. 셰릴 해밀턴이 주장하는 '성공적인 대중 스피치'를 위한 증거 제시 방법으로는 ① 주장—증거—근원의 순서로 기술, ② 주장—증거의 순서로 기술, ③ 주장—증거—근원—'근원의 질'에 따른 순서로 기술, ④ 주장—'직접 얻은 경험'의 순서로 기술 등이 있다.

믿음이나 신뢰 없이 상대방을 설득하는 것은 힘든 일이다. 설득 스피치에서는 증거의 적절한 사용이 더욱더 필요하며, 논리적으로 그 증거를 제시하고 설명할 수 있어야 한다. 상대에 따라 자신의 주장을 논리적으로 설명하고 증거를 제시하면 자신의 스피치를 성공적으로 펼칠 수 있고, 빠른 시간 안에 효과를 거둘 수 있을 것이다.

다음은 셰릴 해밀턴이 주장하는 '성공적인 대중 스피치'를 위한 증거 제시 방법이다.

그 첫째는, 주장–증거–근원의 순서로 기술하는 것이다. 이것은 자신의 주장에 필요한 증거를 보여주고 그 증거의 출처를 제시하는 순서로 활용하는 방법이다.

둘째는, 주장—증거의 순서로 기술하는 것이다. 이는 자신의 주장을 뒷받침할 수 있는 증거를 제시하는 순서로 기술하는 것이다.

셋째, 주장—증거—근원— '근원의 질' 에 따른 순서로 기술하는 것이다. 이는 첫 번째 방법에 '근원의 질' 을 더해주는 형태로서 근원의 질적인 수준에 따라 청중의 믿음이나 신뢰도가 높아질 수 있다.

넷째는, 주장— '직접 얻은 경험' 의 순서로 기술하는 것이다. 자신의 주장을 직접 체험한 경험을 활용해 진술하는 것이다.

청중에 대해 잘 모르거나 청중이 화자와 다른 생각을 가졌다면 첫째와 넷째의 방법이 효과적이고, 청중에 대해 아는 경우나 화자와 비슷한 생각을 가지고 있을 경우에는 둘째와 셋째의 방법을 사용하는 것이 효과적이다. 그러므로 상황에 맞추어 증거를 올바르게 사용하고, 논리적인 기술을 활용해 자기의 주장을 펴라. 그러면 상대를 더욱 쉽게 설득할 수 있을 것이다.

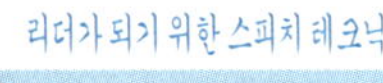

상대의 성품을 이해하라

상대의 마음을 사로잡으려면 그 사람의 성품을 이해하라. 상대의 성품이 마음에 들지 않는다고 해서 자신의 뜻대로 억지로 바꾸려 하면 오히려 역효과만 나타난다. 그 사람을 있는 그대로 받아들여야 상대가 감동하고 당신의 뜻에 따른다.

설득
스피치의 단계

설득 스피치는 감정에 바탕을 두어야 하며, 청중의 마음을 사로잡아야 하기 때문에
실전과 같이 연습하는 것이 중요하다.

타인을 설득한다는 것은 정말 어려운 일이다. 단순히 자신의 생각을 이야기하는 것도 어려운데, 하물며 설득을 해야 한다는 것은 스피치에 자신감이 없는 사람에게는 부담이 될 수밖에 없고, 어떻게 이야기를 시작해야 할지도 막연한 게 사실이다.

설득 스피치는 우선 어떤 주제를 가지고 어떤 결과를 얻을 것인지부터 결정해야 한다. 그 1단계로 주제를 선택해야 하는데, 이때는 논쟁의 여지가 있는 것 또는 자신에게 무언가 강렬하게 다가오는 것을 선택하는 것이 좋다. 그리고 가능하다면, 자신이 많이 알고 있는 것을 주제로 선택하는 것이 좋다.

2단계는 자신이 지지하는 입장에 대한 진술을 결정해야 한다. 진술

에는 '사실의 진술', '가치의 진술', '정책의 진술'이 있다. '사실의 진술'은 무엇이 진실인지 아닌지를 설득하기 위한 증거를 내놓기 위해 그 사실을 지적 또는 제시하는 것이다. 예를 들면 '원자력은 대체 에너지이다.', '방사선에 노출되면 건강에 좋지 않다.'는 사실에 대한 증거를 말하는 것이다. '가치의 진술'은 무엇(윤리, 현명함, 아름다움 등)이 좋은지 아닌지를 설득하기 위한 증거나 사실, 주장을 내놓기 위해 그 가치를 지적 또는 제시하는 것이다. 예를 들어 '의학적 실험에 동물을 사용하는 것은 도덕적이지 못하다.'라는 것은 가치에 기준을 둔 진술이라고 할 수 있다. '정책의 진술'은 해야 할 것과 하지 말아야 것을 설득하기 위해 그 정책을 지적 또는 제시하는 것이다. '담배는 텔레비전 광고에서 금지되어야 한다.'라는 것은 정책에 기준을 둔 진술이다. 이렇게 사실, 가치, 정책의 진술에 대한 자신의 입장에 입각해 진술을 결정해야 한다.

3단계는 스피치의 형태를 결정하는 것이다. 청중이 단순히 화자 자신의 입장에 동의하기를 원하는지, 아니면 행동이나 실행에 나서기를 원하는지에 따라 스피치의 형태가 결정된다.

4단계는 자신의 입장과 의지에 대한 청중의 태도를 분석하는 것이다. 현재 청중의 의견이 자신의 신용과 진실성에 근접하고 있는가, 그렇지 않은가? 무엇이 나의 진실성을 높일 것인가? 청중의 마음속에 화자가 주장하고자 하는 주제와 관련된 어떤 믿음이나 가치가 이미 존재해 있는가? 논쟁에 필요한 청중의 믿음과 가치를 어떻게 활용할 것인가? 주제에 필요한 청중의 기본적인 욕구(생리적인 욕구, 사회적인 욕구, 자존심, 안전, 자아실현)는 무엇인가? 이때는 여론 조사를 통해 청중의 믿음과 가치의 기준, 동의 또는 믿음의 범위를 얻을 수 있으며, 청중의 반대 의견 또한 같은 방법을 통해 알아볼 수 있다. 예를 들어 '나는 정부가 경제에 더욱 많은 노력을 기울여야 할 때라고 생각한다.' 라는 주장에 대해 (1)강력히 반대한다, (2)반대한다, (3)별다른 의견이 없다, (4)동의한다, (5)강력히 동의한다 등의 조사를 함으로써 화자가 필요한 만큼의 사전 지식을 얻을 수 있을 것이다.

5단계는 활용 가능한 보조 도구 및 소재의 윤곽이나 개요를 작성하는 것이다. 청중을 효과적으로 설득을 하기 위해서 어떤 보조 도구나 소재를 사용해야 할지 조사하고, 그것을 어떻게 활용할 것인지를 결정하는 단계이다.

6단계는 부가적인 조사이다. 이는 자신의 입장이나 주장에 반대되는 이론을 조사하고, 청중의 반대 의견에 어떻게 답변해야 하는지를 결정하는 것이다

7단계는 구성이다. 자신의 입장과 청중에 대한 분석과 조사로 얻어진 자료를 이용해 상대를 효과적으로 설득할 수 있도록 최고의

구성을 하는 것이다.

8단계는 **연습**이다. 특히 설득 스피치는 감정에 바탕을 두어야 하며, 청중의 마음을 사로잡아야 하기 때문에 실전과 같이 연습하는 것이 중요하다.

상대로 하여금 동정심을 갖게 하라

인간은 모두 동정심을 원한다. 상처 난 아이들은 일부러 상처를 내보이거나 소리 내어 울음으로써 부모에게 동정을 구하고, 성인들은 자신의 힘들었던 이야기를 함으로써 상대에게 동정심을 구한다. 자신의 불행을 통해 상대로부터 연민의 정을 느끼게 하고 싶은 마음은 정도의 차이는 있으나 인간이라면 누구에게나 있는 본성이다.

나비처럼
날아서 벌처럼 쏴라

연설이나 설득 스피치는 강한 것만이 좋은 게 아니다. 부드러움 속에서 강함을 찾는다면 더욱 큰 효과를 얻을 수 있다.

상대를 설득하는 방법에는 여러 가지가 있을 수 있다. 많은 책에서 저마다 그러한 방법들을 제시하기도 한다. 하지만 설득 스피치를 잘하기 위해서는 무엇보다 나비처럼 날아서 벌처럼 쏠 수 있어야 한다. 이것은 음성적인 전달과 관련된 부분으로, 부드럽게 정보를 전달하다가 청중의 반응에 따라 강약을 조절할 수 있어야 한다는 얘기다.

대부분의 연설을 보면, 소리만 커서 어떤 메시지를 보내고자 하는지 잘 전달이 되지 않을 뿐더러 강조하고 싶은 내용이 그 소리에 묻히는 경우가 많다. 멋진 설득 스피치는 사람들의 마음을 사로잡아야 하고, 자신의 생각을 잘 전달해 청중과 공감하는 스피치라고 할 수 있다. 따라서 청중과 공감대를 형성하는 부분에서는 강하고 빠르게 스피치의 피치를 올려줘야 한다. 물론 그렇다고 해서 계속적으로 소리를 크게 내거나 빠르게 말해서는 안 된다. 나비처럼 날아 벌처럼 쏘고 다시 나비처럼 날아야 한다. 앞에서도 얘기했지만, 필자가 영화 <Any Given Sunday>를 보며 강의를 하는 이유가 여기에 있다. 그 영화에서 알 파치노가 경기에 앞서 선수들에게 스피치를 하는 장면이 나오는데, 아주 멋지게 스피치를 소화했다. 청중과 함께하는 진정한 설득 스피치라고나 할까. 그의 스피치는 부드러움 속에서 강함을 느낄 수 있고 청중을 끌어들이는 힘이 있다. 아주 멋진 스피치라고 생각한다.

연설이나 설득 스피치는 강한 것만이 좋은 게 아니라는 점을 잊지 말기 바란다. 부드러움 속에서 강함을 찾는다면 더욱 큰 효과를 얻을 수 있을 것이다.

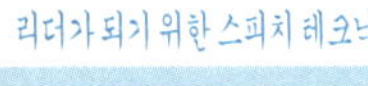

온화한 말을 사용하라

다른 사람을 자신의 지지자로 만들려면 온화한 말을 사용해야 한다. 공격적이고 거친 말투나 비하하는 발언은 상대방의 기분뿐만 아니라 자존심까지 상하게 한다.

무한도전!
인생 뭐 있어, 가보는 거야!

성공했던 실패했던 간에 그것은 성공의 확률을 높이기 위한 경험이며 자신감의 토대가 된다. 실패했다고 해서 결코 기죽지 말라. 실패가 없다면 성공이란 단어의 의미 또한 없을 것이다.

사람들은 성공을 향해 하루하루 열심히 자신이 맡은 역할에 충실하면서 미래를 개척해나간다. 사람들마다 각기 추구하는 성공은 다르겠지만, 그 성공을 이루기 위한 노력은 같을 것이다.

그렇다면 성공의 비결이란 무엇일까? 필자는 그 비결을 경험이라고 생각한다. 경험은 우리에게 소중한 것을 준다. '실패는 성공의 어머니'라는 격언도 있듯이, 실패는 더 큰 성공을 얻기 위한 과정이며 경험이다. 필자 또한 스피치를 전공하면서 많은 실패를 경험해봤다. 인생에서의 실패와는 문제가 약간 다르지만, 처음 스피치를 시작할 때보다 좀 더 잘할 수 있게 된 것은 도전과 실패를 거듭했기 때문이다. 실패가 두려워 시도조차 하지 않으면 성공은 없다.

설득 스피치도 마찬가지다. 성공했던 실패했던 간에 그것은 성공의 확률을 높이기 위한 경험이며 자신감의 토대가 된다. 실패했다고 해서 결코 기죽지 말라. 실패가 없다면 성공이란 단어의 의미 또한 없을 것이다.

상대를 설득하는 기술에 대해 많은 책이 출간되었으니, 그만큼 많은 사람들이 읽었을 거라고 생각한다. 하지만 모든 사람이 설득의 기술을 활용해서 성공했을까? 결코 아니다. 따라서 필자는 단순히 책을 읽는 것보다 경험을 통해 얻은 결과를 보완하고 연구해 실행하는 것이 더욱 효과적이라고 생각한다. 필자가 기술적인 부분보다 경험을 통해 얻은 방법에 더 비중을 두는 이유가 여기에 있다. 다른 사람의 경험도 중요하지만 자신이 직접 준비하고 연습해서 얻는 경험으로 설득의 달인이 되었으면 한다.

주저하지 말고 부딪쳐라. 그러면 해답이 나온다. 좋은 결과를 얻을 때까지 도전하자.

"인생 뭐 있어, 가보는 거야!"

상대의
반응을 읽어라

설득은 상대를 변화시키는 것이다. 그렇기 때문에 상대가 원하는 것이 무엇이고, 내가 그걸 잘 파악하고 있는지가 무엇보다 중요하다. 상대의 반응을 읽는 능력이 설득을 하는 데 중요한 관건이 될 수도 있다는 것을 잊지 말자.

많은 이야기를 한다고 해서 설득에 성공하는 것은 아니다. 상대 또는 청중이 원하는 게 무엇인지를 정확히 알아야 한다. 아무리 많은 이야기를 해도 상대가 원하는 것이 아니라면 설득은 요원하다. 단 한마디가 설득의 열쇠가 될 수도 있다는 것을 잊지 말라.

그러기 위해서는 상대의 반응을 주의 깊게 파악하고 대응해야 한다. 교회에서 목사님의 설교를 듣다보면 설득의 흐름을 쉽게 파악할 수 있다. 목사님의 설교는 성경에 있는 정보를 전달하는 것으로 시작한다. 이어서 설득 스피치로 들어가는데, 이때 신도들의 반응은 소리의 크기로 알 수 있다. 교회를 다녀본 사람이라면 누구나 이런 스피치의 흐름을 느껴봤을 것이다.

청중의 반응을 읽으며 음성의 변화를 활용하라. 말을 잘하기 위해서는 다양한 방법의 스피치를 효과적으로 활용하고, 그 스피치의 목적을 분명히 알아야 한다. 설득 스피치는 스피치 중의 꽃이라고 할 수 있다. 대화를 할 때도 마찬가지다. 상대의 반응을 읽을 줄 아는 사람이 성공할 확률이 높다. 하지만 대부분은 자신이 알고 있는 내용을 많이 알려주려 하고, 설득하고자 하는 의지에 너무 심취해 상대의 반응을 읽지 못하는 경우가 많다.

설득은 상대를 변화시키는 것이다. 그렇기 때문에 상대가 원하는 것이 무엇이고, 내가 그걸 잘 파악하고 있는지가 무엇보다 중요하다. 그러므로 상대의 반응을 읽는 능력이 설득을 하는 데 중요한 관건이 될 수도 있다는 것을 잊지 말자. 대중을 상대로 하는 설득이든 개인을 상대로 하는 설득이든 중요한 것은 자신 스스로가 상대에게 관심을 가지고 있어야 한다는 점이다. 이 점을 명심하고 좋은 결과를 얻을 수 있는 설득 스피치를 할 수 있도록 노력하자.

상대의 홍보대사가 돼라

상대에게 좋은 인상을 심어주고 싶다면 그의 장점을 홍보하는 데 주저하지 말라. 사심 없이 상대의 장점을 부각시킬수록 자신의 장점도 또렷하게 부각된다.

자극을
줄 수 있는 언어를 선택하라

설득 스피치는 정보 스피치와 달리 언어를 잘 선택해야 한다. 감정에 자극을 주는 단어를 선택하고, 강한 표현의 언어를 사용한다. 설득에 필요한 시청각 자료를 활용해 효과를 높일 수도 있다. 듣는 것보다 보는 것이 더 자극적이고 기억에 오래 남기 때문이다.

설득 스피치는 정보 스피치와 확연히 다르다. 정보 스피치는 상대의 감정에 자극을 주지 않지만 설득 스피치는 감정에 자극을 주어야 하는 스피치이다. 설득 스피치는 정보 스피치와 달리 언어를 잘 선택해야 한다. 감정에 자극을 주는 단어를 선택하고, 강한 표현의 언어를 사용한다.

금연 광고를 보면 일반 광고보다 자극적인 영상과 언어를 사용한다는 것을 알 수 있다. 이처럼 자극을 주는 언어는 비교적 짧은 시간에 상대를 설득할 때 사용된다. 이럴 때는 자신의 의지를 강력하게 전달할 수 있는 음성적인 전달, 즉 강조, 빠르기 그리고 감정의 표현을 함께 사용하는 것이 좋다. 이는 신뢰도를 높이는 데도 효과가 있다. 또한 설득에 필요한 시청각 자료를 활용해 효과를 높일 수도 있다. 듣는 것보다 보는 것이 더 자극적이고 기억에 오래 남기 때문이다. 자극적인 언어와 음성의 전달에 시청각으로 보다 큰 반항을 일으켜 설득의 효과를 높이는 것이다.

흔히 위험에 관한 이야기는 받아들이는 사람에게 큰 자극을 주기가 어렵다. 하지만 시청각 자료를 통해 그 위험성을 보여준다면 더욱 강하게 표현할 수 있다.

상대의 욕구를 자극하라

사람은 누구나 자기가 좋아하는 것에만 흥미를 갖게 마련이다. 사람의 마음을 움직이게 하려면 누구든 자신이 원하는 것 외에 어떤 것에도 관심을 두지 않는다는 점을 염두에 두어야 한다. 상대방이 좋아하는 것을 거론하고 그것을 손에 넣는 방법을 가르쳐주는 것이 그의 마음을 사로잡는 최선의 방법이다.

새가 장차 죽으려 함에 그 울음이 슬프고, 사람이 장차 죽으려 함에 그 말이 착하다.
— 논어

세 치의 혓바닥으로 다섯 자의 몸을 살리기도 하고 죽이기도 한다.
— 서양 격언

그대의 주장을 강조하지 말고 말하라. 그리고 다른 사람들이 그대가 말한 것이 무엇인지를 발견하도록 내버려두라.
— 쇼펜하우어

말에 의해 입은 상처는 칼에 맞아 입은 상처보다 더 아프다.
— 서양 격언

눈은 둘, 귀도 둘. 그런데 입은 하나이니만큼 많이 보고 많이 듣고, 그런 다음에 조금만 떠들어라.
— 영국 격언

말이란 입으로 불어내는 바람이 아니다. 말에는 참뜻이 있어야 한다.
— 장자

진실한 말은 아름답지 않고, 아름다운 말은 미덥지 않다.
— 노자

나의 무한의 나라는 사색(思索)이다. 그리고 나의 날개 있는 도구는 말이다.
— 실러

말의 예절

말을 하는 예절

① 대화 상대에 따라 말씨를 결정한다.

② 감정을 평온하게 갖고 표정을 부드럽게 한다.

③ 자세를 바르게 하여 공손하고 성실하게 말한다.

④ 대화 장소와 상대의 성격, 수준을 참작해서 화제를 고른다.

⑤ 조용한 어조, 분명한 발음, 맑고 밝은 음성, 적당한 속도로 말한다.

⑥ 듣는 사람의 표정과 눈을 주시해 반응을 살핀다.

⑦ 상대가 질문하면 자상하게 설명하고, 의견을 말하면 성의 있게 듣는다.

⑧ 표정과 눈으로도 말하는 진지함을 잃지 않는다.

⑨ 상대가 이야기하는 도중에 끼어들지 않는다.

⑩ 화제가 이어지도록 간결하게 요점을 말하고 중언부언하지 않는다.

⑪ 양해를 얻은 뒤 말을 시작하고, 끝맺음은 요령 있고 분명하게 한다.

말을 듣는 예절

① 귀로만 듣지 말고 표정·눈빛·몸으로도 듣는다.

② 바르고 공손한 자세로 듣는다.

③ 상대가 알아차리도록 은근하면서도 확실한 반응을 보인다.

④ 말을 막으면서 끼어들지 말고, 의문이 있으면 말이 끝난 뒤에 묻는다.

⑤ 질문하거나 다른 의견을 말할 때는 정중하게 상대방의 양해를 구한다.

⑥ 몸을 흔들거나 손이나 발로 장난을 치지 않는다.

⑦ 의문 나는 점은 메모한다.

⑧ 대화 중에 자리를 뜰 때는 양해를 구하고, 다른 사람에게 방해가 되지 않도록
   한다.

삼가야 할 사항

① 상대방의 이야기가 끝나기도 전에 자기 이야기를 하지 않는다.

② 처음 만난 사람에게 직장, 직위, 결혼 여부, 연령 등을 묻지 않는다.

③ 출신 학교나 학력 그리고 자기나 가족을 자랑하지 않는다.

④ 개인의 비밀이나 약점을 잘 아는 체하거나 상대를 비꼬지 않는다.

대화의 기술

표현의 능력을 키워라

말을 잘한다는 것은 쉬운 일이 아니다. 하지만 많은 사람들이 스피치의 어려움에 대해 잘 모르는 것 같다. 스피치를 학문이 아닌 단순히 말을 잘할 수 있는 방법적인 수단으로만 생각하기 쉽다. 하지만 막상 필자의 수업을 받게 되면 말을 잘한다는 것이 그리 쉽지만은 않다는 것을 금세 깨닫게 된다.

말을 잘하기 위해서는 영어나 수학과 같이 기본에 충실해야 한다. 기본에 충실한 사람은 어떤 상황에서든 자신의 생각을 잘 전달할 수 있다. 요즘은 유치원에서부터 수학의 기본인 덧셈과 뺄셈을 배우는데, 고등학교 때 수학을 잘하는 학생을 보면 그 기본이 잘 다져져 있다. 스피치도 마찬가지이다. 어려서부터 체계적으로 스피치의 기본기를 다진다면 대입 면접은 물론 취업 면접을 두려워할 이유가 없을 것이다. 또한 회사에서의 프레젠테이션도 두려움 없이 즐길 수 있다.

누구나 나름대로는 말을 잘한다. 그러나 사람들 앞에만 서면 불안해지는 것이 문제다. 물론 이것은 '단순히 말을 하는 차원'에서의 이야기이다. 스피치를 잘하려면 이미 언급한 것처럼 음성의 전달과 올바른 구성을 통해 자신이 이야기하고자 하는 목적을 달성하는 것이 중요하다. 그러기 위해서는 기본을 다지고 꾸준한 연습을 하는 것이 필수다.

셰익스피어식
언어

셰익스피어의 작품은 언어의 예술이다. 반드시 시적인 표현을 할 필요는 없지만, 부드럽고 듣는 이가 덜 부담스러우면 그것으로 족하다.

대화를 하는 데 왜 셰익스피어식 언어가 필요할까? 그 이유는 간단하다. 멋지고 감동적인 단어를 사용해야 하기 때문이다. 셰익스피어의 작품은 시적인 표현으로 가득 차 있다.

얼마 전 교육 방송에서 1960년대의 영화 한 편을 본 적이 있었다. 단어의 선택이나 음성이 너무 촌스럽다는 생각이 들지 모르지만, 필자는 그 멋진 대사들에 감동을 받았다.

셰익스피어의 작품은 언어의 예술이다. 지금 시대에는 어울리지 않겠지만 내 연인, 동료, 부모님께 닭살처럼 들릴지라도 감동적인 말을 해보는 것은 어떨까.

셰익스피어식 언어는 편지로는 잘 쓰지만 대화에서는 잘 사용하지 않는다. 그 이유는 쑥스럽기 때문이다. 하지만 앞에서는 당장 이상한 반응을 보일지 모르지만 기분은 굉장히 좋을 것이다.

표현의 자유는 언어의 자유이다. 자유로운 언어를 선택하라. 보다 멋지고 시적인 표현을 하라. 정말 멋지고 아름답지 않겠는가.

"나는 지금 머리가 아파서 아무 생각도 하기 싫어."

이런 표현 대신 다음과 같이 말하는 것은 어떨까.

"나는 지금 내 모든 생각을 구름과 함께 날려 보내고 싶을 만큼 머리가 아파."

반드시 시적인 표현을 할 필요는 없다. 부드럽고 듣는 이가 덜 부담스러우면 그것으로 족하다.

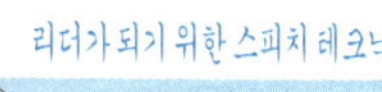

극적으로 연출하라

현대는 연출의 시대이다. 단순히 사실만을 열거하는 것으로는 다른 사람의 마음을 사로잡기가 힘들다. 다시 말해 상대를 설득하려면 흥행적인 기법을 사용할 필요가 있다는 얘기다. 영화나 라디오, TV 등이 수많은 대중들의 마음을 사로잡을 수 있는 것도 극적인 연출의 효과를 최대한 사용하기 때문이다.

자신과
상대의 대화 스타일을 파악하라

대화를 잘하는 사람은 상대방에 맞추어 그 상황에 따라 스피치하는 능력을 갖추고 있다. 나는 상대의 이야기를 잘 들어주는 편인가, 상대의 말을 자주 가로막지는 않는가, 자기중심적이지는 않은가, 상대를 잘 배려하는가, 공격적이지는 않은가, 말을 빨리 하거나 느리게 하지는 않는가.

사람은 누구나 어려서부터 자신의 스피치 스타일이 습관화되게 마련이다. 따라서 우선은 자신의 스타일을 파악하는 것이 좋다. 나는 상대의 이야기를 잘 들어주는 편인가, 상대의 말을 자주 가로막지는 않는가, 자기중심적이지는 않은가, 상대를 잘 배려하는가, 공격적이지는 않은가, 말을 빨리 하거나 느리게 하지는 않는가.

대화를 잘하는 사람은 상대방에 맞추어 그 상황에 따라 스피치하는 능력을 갖추고 있다. 특히 비즈니스맨에게는 상대방에 대한 배려가 매우 중요하다. 고객은 차분하고, 소위 고품격의 스피치를 하는데, 자신은 정신없이 빨리 이야기하는 스타일이라면, 아마도 좋은 결과를 얻기는 힘들 것이다.

반대의 경우도 있다. 성격이 급하고 말을 빨리 하는 고객에게 천천히 논리정연하게 스피치를 한다면, 그 고객은 화가 나서 쓰러질지도 모른다. 하지만 스피치의 기술을 배우면 이런 상황에도 멋지게 대처할 수 있다. 상대의 대화 스타일에 맞추어 스피치를 하는 기술은 연습을 통해 얼마든지 습득할 수 있기 때문이다.

물론 자기는 말을 빨리 하는 사람일지라도 상대가 말을 빨리 하는 것을 싫어할 수도 있다. 이런 경우 저런 경우를 잘 파악해서 멋진 스피치를 할 수 있도록 해보자.

상대방의 관심사를 파악하라

유능한 리더가 되고 싶다면 상대방이 무엇을 좋아하는지 파악하라. 상대가 관심을 가지고 있는 분야를 언급하는 것이 수천 마디의 말을 늘어놓는 것보다 효과적이다. 상대방의 관심사를 적절하게 활용할 줄 알면 그 사람의 마음을 움직이는 데 반은 성공했다고 볼 수 있다.

표현의
능력을 키워라

말을 하지 않고도 비언어적인 전달 요소만으로 자신의 의사나 감정을 표현할 수 있다. 하지만 비언어만으론 모든 표현을 정확하게 전달할 수가 없다. 그래서 더욱 빛나는 것이 언어와 비언어를 함께 사용할 때이다. 시각적, 청각적 표현의 전달이 모두 동원되기 때문이다.

스피치는 언어와 비언어를 활용해 자신의 생각과 감정을 전달하고 원하는 것을 얻기 위한 계획이나 실행의 도구라고 할 수 있다.

필자는 첫 강의를 표현의 능력을 키우는 데 할애한다. 이는 말할 것도 없이 화자의 언어적인 능력을 키우기 위한 것인데, 연구자 과정에 들어서면 비로소 비언어적인 능력을 키우기 위한 연습을 한다.

우리나라는 지역마다 각기 특성이 있는 것 같다. 지역에 따라 무뚝뚝하거나 다정하고, 감정 표현을 잘하거나 그렇지 못한 경우를 흔히 볼 수 있다. 표현이란 자신의 현재 상태나 생각을 상대방이 잘 알 수 있도록 나타내는 것이다. 그런데 자신은 좋은 감정을 갖고 있는데, 막상 상대가 그렇게 느끼지 못한다면 표현이 잘못된 것 아니겠는가. 서로의 감정이 교차하는 걸 느끼는 것이 커뮤니케이션이며 소통이다.

언어의 표현은 음성의 변화이다. 그리고 음성의 변화는 감정에 따른 소리의 변화이다. 슬픔, 기쁨, 그저 그런 기분 등을 소리로 전달하되 여기에 말의 강도와 속도가 필요한 것이다. 즉, 음성의 전달 요소에 흐름을 만들어 표현하는 것이다.

비언어의 전달은 음성적인 표현에 제스처, 자세, 움직임을 덧붙여 표현의 효과를 더욱 높이는 것이다. 물론 비언어 자체만으로도 표현의 전달이 가능하다. 말을 하지 않고도 비언어적인 전달 요소만으로 자신의 의사나 감정을 표현할 수 있다는 얘기다. 하지만 비언어만으론 모든 표현을 정확하게 전달할 수가 없다. 그래서 더욱 빛나는 것이 언어와 비언어를 함께 사용할 때이다. 시각적, 청각적 표현의 전달이 모두 동원되기 때문이다.

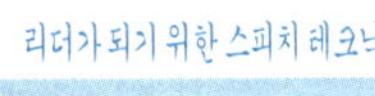

논쟁의 여지를 주지 말라

손뼉도 마주쳐야 소리가 나듯 논쟁도 상대가 맞받아쳐야 성립되는 것이다. 아예 상대의 의견에 동조를 한다면 논쟁을 하고 싶어도 할 수 없다. 겉으로 보기에 패배를 인정하는 것처럼 보일 수도 있지만 논쟁의 여지를 주지 않는 것은 상대를 내 편으로 끌어들이는 고차원적인 방법이다.

못 말리는
사람이 되지 말라

진정한 소통은 서로의 생각, 마음, 감정, 이상 등을 나누며 매끄럽게 의사를 전달하고 이해를 구하는 것이다. 눈치 없이 상황도 파악하지 못하고 자기 이야기만 하는 사람은 시간도 관리하지 못하고, 상대의 감정도 읽지 못하고, 자신의 이야기가 잘 전달되고 있는지도 알지 못한다. 반면 말을 그칠 줄 아는 사람은 상대방의 의견에 수긍할 줄 안다. 그리고 자기 이야기가 잘 전달되는지 어떤지를 주위 상황이나 상대방의 피드백을 통해 파악한다.

일상생활을 하다보면 아집이 지나치게 강하거나, 상대방은 상관 않고 자기중심적으로 말하거나, 대부분의 대화 시간을 자기가 장악하는 사람을 만날 수 있다. 이런 사람을 만나게 되면 상대는 어쩔 수 없이 이야기를 들어주는 편에 서곤 한다.

하지만 진정한 소통은 서로의 생각, 마음, 감정, 이상 등을 나누며 매끄럽게 의사를 전달하고 이해를 구하는 것이다. 대화를 하다보면 정말 짜증나게 자기 혼자만 이야기하는 사람이 있다. 어떻게 보면 필자 자신이 그런 사람이었는지도 모른다. 나는 수업 시간에 질문을 많이 하는 편이었다. 아니, 말이 많은 사람이었다고나 할까?

눈치 없이 상황도 파악하지 못하고 자기 이야기만 하는 사람은 정말 난감하다. 그런 사람은 시간도 관리하지 못하고, 상대의 감정도 읽지 못하고, 자신의 이야기가 잘 전달되고 있는지도 알지 못한다. 반면 말을 그칠 줄 아는 사람은 상대방의 의견에 수긍할 줄 안다. 그리고 자기 이야기가 잘 전달되는지 어떤지를 주위 상황이나 상대방의 피드백을 통해 파악한다.

여러분은 어떤 사람이 되고 싶은가? 자기중심적이고 아집으로 가득 찬 사람을 일러 '못 말리는 사람'이라고 한다. 여러분은 '못 말리는 사람'보다는 '말릴 수 있는 사람'이 되고 싶지 않은가? 상대를 배려하는 대화의 능력을 지닌 사람은 '말릴 수 있는 사람'이다.

완고한 사람에게는 자신을 낮춰라

당신 앞에 있는 상대가 완고하고 거만한 사람이라면 설득해서 이기려 하지 말고 자신을 낮춰라. 상대로부터 자신의 중요성을 인정받게 되면 논쟁할 의욕을 잃고 친절하고 이해심 많은 사람으로 변할 것이다.

들어보면
그 안에 답이 있다

성공하는 사람은 상대에게서 원하는 답을 얻어낼 수 있는 능력이 있다. 상대가 원하는 것이 무엇이며, 나에게 듣고 싶어 하는 것이 무엇인지를 잘 파악한다면 자신이 원하는 답을 찾을 수 있을 것이다. 잘 들어주는 사람이 스피치도 잘한다. 잘 듣다보면 그 안에서 이야기를 지속시킬 수 있는 답, 서로를 친하게 만들어주는 답, 비즈니스를 성공시킬 수 있는 답을 찾을 수 있다.

필자는 한때 경청에 대해 많은 관심을 가진 적이 있다. 그런데 요즘은 경청보다 소통이라는 것에 더 많은 관심이 간다. 말을 잘하면 성공이 보인다. 말을 잘하는 사람은 자신이 이야기하고자 하는 것에 대해 잘 알고 있으며, 어떤 방식으로 이야기해야 할지도 잘 알고 있다. 이는 그 사람이 상대를 잘 파악하고 있다는 것과 같은 뜻이다. 상대가 원하는 것이 무엇이며, 나에게 듣고 싶어 하는 것이 무엇인지를 잘 파악하고 있다는 얘기다.

대화를 하다보면, 그 안에 답이 있다. 설득을 할 때, 동기 부여를 할 때, 음식을 먹으러 갈 때, 여행을 갈 때도 대화를 통해 상대가 원하는 것을 얻을 수 있다. 대화란 묘한 것이다. 자신도 모르게 상대에게 자신의 이야기를 하게 되기 때문이다. 사소한 일에서 큰일까지 대화를 하다보면 우리는 상대에게서 얻고자 하는 것을 끄집어낼 수 있다. 대화를 어떻게 유도해나가야 할지만 알면 원하는 것을 얼마든지 얻을 수 있다.

잘 들어주는 사람이 스피치도 잘한다. 잘 듣다보면 그 안에서 이야기를 지속시킬 수 있는 답, 서로를 친하게 만들어주는 답, 비즈니스를 성공시킬 수 있는 답을 찾을 수 있을 것이다.

내가 상대의 편임을 알려라

현명한 리더는 이 세상 모든 사람의 생각이 다를 수 있음을 인정하고 상대에게 자신이 적이 아님을 인식시킨다. 반면 어리석은 사람은 우위를 점하고자 하는 욕심에서 상대를 적으로 돌리는 실수를 저지른다. 사람을 잘 다루고 싶다면 상대를 우호적으로 대하라. 상대에게 아군이라는 인식을 심어준 순간 당신은 그의 마음 반을 사로잡은 것이다.

이런저런
스피치

우리는 언제 어디서나 자신의 습관화된 스피치 스타일을 벗어나 상황에 맞게 스피치를 할 수 있어야 한다. 스피치를 다양하게 구성하고 연습하게 되면 새로운 상황에 대한 불안감이나 스피치에 대한 막연한 부담감을 줄일 수 있다.

우리는 많은 사람들과 더불어 살아가며 가정, 직장, 모임, 단체 등에서 나름대로 역할을 맡고 있다. 가정에서는 대화나 토의, 직장에서는 프레젠테이션이나 보고, 발표, 토의 등 직책에 따라 다양한 스피치를 하게 된다. 특별한 장소나 행사에서의 스피치는 청중에게 감동을 불러일으키는 것이 중심이다. 청중으로 하여금 웃고, 울고, 흥분하고, 호감 또는 연민을 갖게 할 수도 있다. 우리가 예술가의 작품(음악, 대중가요, 영화, 시, 소설 등)을 보거나 읽을 때 감동을 느끼듯 특별한 장소나 행사에서의 스피치도 그와 비슷한 감정을 불러일으키는 것이 목적이라고 할 수 있다.

우리가 흔히 하는 스피치는 자기소개이다. 필자는 수강생들에게 항상 언제 어디서나 자신을 소개할 수 있는 문구 하나 정도는 달달 외우라고 주문한다. 그 이유는 자기소개가 나와 타인을 이어주는 연결고리 역할을 하기 때문이다. 자기소개는 상대에게 자신과의 공감대를 형성하는 매개체로서 빠른 시간에 상호작용을 할 수 있게 도와준다. 따라서 자기소개를 멋지게 할수록 상대방이나 청중이 자신에게 좋은 호감을 갖게 된다. 자기소개는 정확히 몇 분을 해야 한다고 규정지을 수는 없지만 대략 2분 내외가 적당하다.

상황에 따라서는 타인을 소개하는 경우도 있다. 지인이나 친구 또는 초청 강사를 소개할 때는 소개를 받는 사람이 사람들에게 호감을 가질 수 있도록 해야 한다. 사람들이 소개받는 사람에 대해 어떤 점을 궁금해하는지 파악하고, 그들 사이의 공감대가 형성될 수 있도록 멋지게 소개하는 것이 좋다. 초청 강사를 소개할 경우에는 강의 주제와 관련된 강사의 경력을, 초청 인사를 소개할 경우에는 그 행사와 관련된 이력이나 현직을 설명해주는 것이 기본이다. 특히, 대부분의 강사는 많은 경력을 가지고 있기 때문에 강의 주제와 관련된 경력과 현재의 활동 내용, 또는 직위에 대해 설명함으로써 청중에게 주제와 관련된 신뢰를 형성할 수 있도록 해주는 것이 중요하다. 이때는 화려한 경력보다 강의 주제에 대한 강사의 전문성이 청중에게 경청을 할 수 있는 동기와 흥미를 제공한다는 것을 잊지 말자. 또한 강사나 초청 인사를 환영함으로써 용기를 북돋아주고 좋은 강의나 연설을 할 수 있도록 하는 것도 잊어서는 안 된다. 그리고 소개받는 사람의 이름을 처음과 마지막에 반복해서 언급함으로써 청중이 그 이름을 기억할 수 있도록 하는 것이 좋다.

그 외에 상의 수여, 직책의 수락 또는 수상 소감, 기념식, 식후(式後) 연설 등 많은 상황에서 일어나는 스피치가 있다. 상을 수여할 때는 상을 받는 사람의 가치를 강조하고 그 상의 중요성을 설명한다. 그리고 상의 이름과 수상자의 이름 또는 그 상을 받게 된 이유, 그 상을 수여하게 되어서 기쁜 이유 등을 이야기하면 된다.

직책의 수락 또는 수상에 따른 소감은 단순히 "감사합니다."라는 말보다 더 많은 스피치를 요구한다. 증여자 또는 기증자, 수여자에게 감사와 겸손을 드러내는 것은 좋으나 상투적인 문구는 피하는 것이 좋다. 특히 "나는 이 상을 받을 자격이 없습니다."라는 식으로 말해서는 안 된다. 왜냐하면 아무리 겸손한 표현이라도, 그 상이 수상자를 잘못 선택했다는 의미가 될 수도 있기 때문이다. 또한 이런 말은 자칫 주최자나 수여자에게 무례가 될 수도 있다. 이때는 "이 상을 더욱 열심히 일하라는 것으로 알고 더욱 노력하겠습니다."라는 식의 표현을 쓰는 것이 좋다. 요즘은 재치 있는 이야기로 청중의 웃음을 유도하는 수상 소감을 하는 경우도 많다.

기념식에서의 스피치는 동료의 이취임식, 결혼식, 장례식 등 다양한 상황에서 일어난다. 축배나 건배처럼 짧은 형태도 있고 결혼식의 주례사, 고인에 대한 이별사, 호국 영령에 대한 찬사처럼 비교적 긴 형태도 있다. 그중 이별사는 고인의 죽음을 인정하고, 그의 생애를 설명함으로써 청중의 비통함을 가라앉힐 수 있어야 한다. 또한 고인과 청중의 관계를 재정의하고 고인의 죽음이 그들의 삶에 어떠한 영향을 미치는지를 이야기한다. 찬사는 일반적으로 '존경의 스피치'라고도 하는데, 예를 들면 전쟁기념관에서 한국전쟁 당시 나라를 위해 목숨을 던진 분들의 삶을 기리며 하는 스피치가 여기에 해당된다.

식후의 스피치는 정치 집회, 총동문회 모임, 송년회 등에서 주로 일어난다. 특히 단체의 장이나 회사의 대표는 신년사, 축사, 환영사, 격려사 등 다양한 스피치를 하게 되는데, 이런 경우는 주로 낭독의 형태를 많이 취한다. 하지만 낭독 스피치는 앞에서도 언급했듯이 청중과의 커뮤니케이션이 잘 안 된다는 단점이 있다. 하지만 스피치의 기본을 충실히 익히고 많은 연습을 한다면 부드럽고 효과적인 커뮤니케이션을 할 수 있을 것이다. 특히 연말 모임 등에서 갑자기 스피치를 해야 할 때는 간략하게 이야기할 내용을 정리해서 '불완전 즉흥 스피치'를 하는 것이 좋다.

중간 관리자들은 직원 교육, 보고, 프레젠테이션 등을 하는 경우가 많다. 또는 직업상 항상 청중 앞에서 스피치를 해야 하는 사람도 있다. 이런 분들에겐 대학에서의 퍼블릭 스피킹(Public Speaking) 과정을 소개해주고 싶다. 이곳에서는 한 학기 동안 대중 스피치를 배우게 되는데 스피치의 구성, 정보 스피치, 설득 스피치, 상황에 따른 스피치 등을 연습하고, 마지막 조별 스피치 발표 때 상황극을 해보는 것으로 수업을 마친다.

필자는 기본 학습 과정에서 낭독 연습을 시킴과 동시에 다양한 상황에서의 스피치를 연습하게 한다. 이는 자신의 습관화된 스피치 스타일을 벗어나 상황에 맞게 스피치를 할 수 있도록 하기 위해서이다. 스피치를 다양하게 구성하고 연습하게 되면 새로운 상황에 대한 불안감이나 스피치에 대한 막연한 부담감을 줄일 수 있다.

자기의 잘못을 과감하게 시인하라

자신의 잘못이 명백할 때는 과감하게 잘못을 시인하라. 이는 자신뿐만 아니라 상대의 가치까지 드높이는 일이다. 잘못을 회피하려 하면 상대에게 반감만 살 뿐이다. 구차한 변명을 늘어놓기보다 깨끗하게 시인하는 것이 유쾌하다.

듣기 좋은
음성이 귀를 열고 마음을 열게 한다

음성의 빠르기, 멈춤, 강약, 고저. 여기에 음성의 흐름을 활용한다면 한국어도 듣기 좋고 멋진 소리로 표현을 전달할 수 있다. 상대의 귀를 열게 하는 방법에는 여러 가지가 있겠지만, 그중 듣기 좋은 음성은 스피치를 효과적으로 전달하기 위한 아주 중요한 요소 중 하나이다.

소리에 귀를 기울이는 이유는 무엇일까. 그냥 소리가 나니까? 아니다. 귀를 기울인다는 것은 그 소리를 듣기 위해 신경을 쓴다는 뜻이다. 이것은 단순히 소리를 듣는 것과는 차원이 다르다. 음악을 감상할 때도, 대화를 할 때도 사람은 자신이 듣고자 하는 것에 귀를 기울인다. 단순히 흘러가는 음악이나 대화가 아니다.

그렇다면, 듣고자 하는 것은 과연 무엇일까?

바로 자신이 좋아하는 가사, 관심을 갖고 있는 이야기다. 하지만 이게 전부는 아니다. 음악을 들을 때는 대부분 가사보다 곡이 주는 이미지가 더 많은 작용을 하고, 대화를 할 때도 듣기 좋은 음성이 귀를 열고 마음을 열게 한다. 이것은 음성이 자기가 말하고자 하는 것의 표현이며, 감정을 전달하는 수단이기 때문이다.

경상도 사나이는 대부분 무뚝뚝하다. 그래서 마음은 그렇지 않은데 겉으로는 무뚝뚝하고 차가워 보인다. 보편적인 이야기니 으레 그러려니 할 수도 있다. 하지만 표현과 감정의 전달은 커뮤니케이션을 하는 데 매우 중요한 요소이다. 말의 내용에 소리가 더해져 자신의 감정을 표현하는 것이다. 거친 소리로 "사랑해."라고 아무리 말한들 부드럽고 감미롭게 "사랑해~."라고 하는 것에 비하겠는가.

처음 시작하는 연설가들은 무작정 외우거나 많은 원고를 활용하는 경향이 있다. 그 결과 그들의 스피치는 미숙하고 자연스럽지 않은 소리로 전달된다. 이럴 때는 목소리를 꾸미려 하지 말고 평소에 대화하듯이 이야기해보도록 하라.

사실, 나에게는 뚜렷한 취미가 없었다. 그나마 유학 시절에 영화를 보는 것이 내가 가장 즐기던 취미 생활이었다. 영화를 보면서 듣는 영어가 너무 좋았다. 특히 영어의 음성 전달은 나비가 날아오르는 것처럼 살랑살랑 나에게 다가왔다. 정말 듣기 좋다는 생각을 했다. 그에 비해 한국어는 어감이 강하다는 느낌이 많이 들었다. 하지만 스피치를 공부하면서, 특히 강의를 하면서는 음성의 흐름을 잘 만들어내면 한국어도 정말 멋있는 음성 전달이 가능하다는 것을 알게 되었다.

음성의 빠르기, 멈춤, 강약, 고저. 여기에 음성의 흐름을 활용한다면 한국어도 듣기 좋고 멋진 소리로 표현을 전달할 수 있다. 상대의 귀를 열게 하는 방법에는 여러 가지가 있겠지만, 그중 듣기 좋은 음성은 스피치를 효과적으로 전달하기 위한 아주 중요한 요소 중 하나이다.

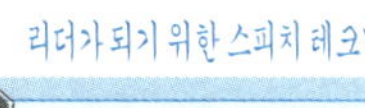

감사의 마음을 먼저 가져라

사람은 자신에게 감사하는 마음을 품고 있는 상대에게 호의적이게 마련이다. 감사하는 마음에 보답하고자 상대방에게 더 많은 친절과 이해를 베푼다. 따라서 다른 사람을 내 편을 만들려면 상대가 얼마나 고마운 존재인지 인식시키는 것이 현명하다. 그 고마운 마음이 전달되면 상대도 내게 고마움을 느낀다.

길을
모르면 헤매는 건 당연하다

구성은 자신의 이야기가 가야 할 방향을 잡아주고 목적지까지 안전하게 갈 수 있도록 해준다. 목적지를 알고 정확한 길잡이를 갖고 있어야 불안감을 줄이고 자신이 가야 할 길을 자신 있게 갈 수 있는 것과 같은 이치다. 길을 모르면 헤매는 것은 당연하다.

누구나 길을 잃고 헤매보지 않은 사람은 없을 것이다. 몇 번 갔던 길에서도 헤매는 길치가 있고, 한 번 가본 곳은 절대 잊지 않는 사람도 있다. 하지만 아무리 기억력이 뛰어난 사람도 실수로 길을 잃고 헤매는 경우가 있다. 필자는 어렸을 때, 한 번 방문한 친척집은 절대 잊지 않고 찾아갈 수 있었다. '절대' 라는 표현이 과장일 수도 있겠지만, 어쨌든 길을 남들보다 무척 잘 찾았다. 하지만 어느 순간부터 길치가 되어갔다. 지금은 아내에게 너무 잘 잊는다고 혼이 날 정도가 되었다.

길 찾기와 스피치 구성이 어떤 관계가 있기에 이런 얘기를 하는지 여러분은 이미 알고 있을 것이다. 우리는 매일매일 말을 하고 있다. 또한 매일매일 길을 걷고 어디론가 간다. 매일 하는 일도 잘 모르면 헤맬 수 있다. 하지만 잘 알면 쉬워지고, 편해지게 마련이다.

누구나 자기 나름대로는 말을 잘한다. 그런데 왜 필자 같은 사람을 찾아와 강의를 받는 것일까? 말을 잘한다고 하는 사람들도 정작 자신이 어떤 말을 어떻게 시작해야 할지조차 잘 모르는 경우가 많다. 처음 시작하는 말부터 막혀버리면 긴장이 되어서 더욱더 말이 잘 안 나온다. 그러다보면 했던 말을 반복하거나 주제에서 벗어나 횡설수설하게 된다. 또한 자기 말을 언제 어떻게 끝내야 할지도 모르게 된다. 이는 자신이 이야기하고자 하는 목적에 필요한 내용을 구체적으로 정리하지 못했기 때문에 나타나는 현상이다.

내비게이션은 목적지를 정확하고 명쾌하게 찾아갈 수 있는 장치이다. 가령 여러분이 길치인 데다 내비게이션도 없다고 치자. 아마 목적지까지 어떻게 가야 할지 몰라 헤매게 될 것이다. 아니, 헤맬 수밖에 없다. 어느 길은 좌회전이 계속 안 되는 곳도 있고, 길을 잘못 들어서면 한참을 갔다 다시 돌아와야 하는 경우도 있다. 그렇게 되면 스트레스가 쌓이고, 긴장하게 된다. 이럴 때 우리는 경험을 통해 문제를 해결할 수 있다. 목적지까지 가는 코스를 어떻게 정하는가는 어떤 경험을 얼마나 많이 했는지에 따라 다를 것이다.

스피치도 마찬가지이다. 누구나 말은 하지만 코스를 정해서 스피치를 해본 경험이 없는 사람은 헤매게 되고, 그런 경험을 해본 사람은 덜 헤매게 된다. 결국 스피치의 길은 '구성'이라는 얘기다. 구성은 자신의 이야기가 가야 할 방향을 잡아주고 목적지까지 안전하게 갈 수 있도록 해준다. 목적지를 알고 정확한 길잡이를 갖고 있어야 불안감을 줄이고 자신이 가야 할 길을 자신 있게 갈 수 있는 것과 같은 이치다. 길을 모르면 헤매는 것은 당연하다.

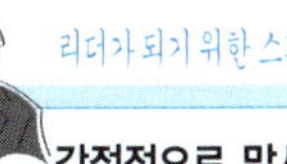

감정적으로 맞서지 말라

성질이 급하거나 흥분 잘하는 사람을 대할 때는 감정적으로 대처해서는 안 된다. 설사 상대가 부당한 요구를 하고 이치에 맞지 않는 말을 해도 감정적으로 맞서서는 안 된다. 이런 부류의 사람들을 대할 때는 인내심을 가지고 침착하게 대처해야 한다. 상대방이 화를 돋운다고 하여 같이 흥분하게 되면 상황을 더욱 악화시킬 뿐이다. 따라서 화가 나더라도 끈기를 가지고 상대방의 이야기를 끝까지 경청한 후 이성적으로 해결 방법을 강구해야 한다.

다양하게
연습하여 실전을 준비하라

인간은 사회적 동물이다. 사람들과의 상호 관계 속에서 살아가게 되어 있는 존재인 것이다. 그리고 사회의 일원으로서 그 위치와 비중이 커질수록 대인 관계의 화술, 대중을 상대로 한 스피치를 할 기회가 많아진다. 우리의 인생을 준비하듯이 다양한 스피치를 준비하자. 그리고 실전과 같이 연습하자. 그래야 성공적인 스피치를 할 수 있다.

스피치를 잘할 수 있는 방법은 무엇일까? 물론 연습을 통해서 가능하다. 우리는 다양한 상황에서 말을 하게 된다. 새로운 모임에 가면 자기소개를 하고, 단체의 장이 되면 길게는 축사, 격려사, 환영사 짧게는 인사말을 하게 된다. 직장인들은 업무 보고, 프레젠테이션, 회의 등을 통해서 스피치를 하게 된다. 이렇게 각기 다른 스피치를 하게 되므로, 상황에 따른 스피치를 따로 연습하는 것이 효과적이다.

스피치는 부드럽게 대화하듯이 하는 경우도 있고, 공식적인 억양으로 표현 전달을 잘해야 하는 경우도 있다. 다시 말하면, 대화 형식, 연설 형식, 프레젠테이션 형식이냐에 따라 다양한 음성 변화가 필요하다.

나는 수업의 4분의 1을 음성과 상황에 따른 스피치에 할애한다. 이는 기본적으로 상황에 따른 스피치를 연습해 보다 안정된 스피치를 할 수 있도록 하기 위함이다. 기본을 다지고 다양한 연습을 반복하면 자신의 습관화된 스피치 형태에서 벗어나 상황에 맞는 스피치를 얼마든지 할 수 있다.

10대에서 주로 하는 스피치는 자기소개와 발표 등이고, 20대와 30대는 발표, 프레젠테이션, 토의 등이며 40대를 넘어서면 모임이나 자신의 직위에 맞는 다양한 스피치를 하게 된다. 그래서인지 필자의 수업에 참여하는 분들은 40대와 50대가 대부분이다. 30대 역시 스피치의 중요성을 느낄 만한 연령대이지만 직접 교육에 참여하는 경우는 의외로 40~50대보다 적다. 하지만 연령에 상관없이 스피치의 필요성을 느꼈다면 조금이라도 빨리 부단한 연습을 통해 내 삶에서 일어날 수 있는 다양한 상황의 스피치를 멋지게 해낼 수 있길 바란다.

인간은 사회적 동물이다. 사람들과의 상호 관계 속에서 살아가게 되어 있는 존재인 것이다. 그리고 사회의 일원으로서 그 위치와 비중이 커질수록 대인 관계의 화술, 대중을 상대로 한 스피치를 할 기회가 많아진다. 우리의 인생을 준비하듯이 다양한 스피치를 준비하자. 그리고 실전과 같이 연습하자. 그래야 성공적인 스피치를 할 수 있다.

올바른 호칭에 대한 예절

상급자에 대한 호칭

① 상사에게는 성과 직위 다음에 '님'의 존칭을 붙인다. '이 과장님.' '정 부장님.'

② 성명을 모르면 직위에 '님'의 존칭을 붙인다. '부장님.' '과장님.'

③ 다른 부서의 상급자는 부서명을 위에 붙인다. '인사부장님.' '총무과장님.'

④ 상급자에게는 하급자이면서 자기에게는 상급인 사람을 지칭할 때는 '님'을 붙이지 않고 직책과 직급만을 말한다. '이 주임.' '김 과장.' '최 과장께서 지시한 일이 있었습니다.'

⑤ 상사에게 자기를 호칭할 때는 '저' 또는 성과 직위나 직명을 사용한다. '이 부장.' '상담실장.'

하급자 또는 동급자에 대한 호칭

① 하급자나 동급자 간에는 성과 직위 또는 직명으로 호칭한다. '이 부장.' '재무팀장.' '이예절 씨.'

② 초면이나 선임자일 경우에는 '님'을 붙이는 것이 상례이다.

③ 직책이나 직급명이 없는 하급자는 성명에 '씨'를 붙인다.

④ 하급자라도 자기보다 연장자이면 높여서 말한다. '이 선생.' '박형.'

틀리기 쉬운 호칭

① 상사에 대한 존칭은 호칭에만 쓴다. (관장님실 → 관장실)

② 문서에는 상사의 존칭을 생략해도 실례가 아니다. (관장님 지시 → 관장 지시)

③ 본인 참석하에 지시를 전달할 때는 '님'을 붙인다. (관장님 지시 사항을 말씀드리겠습니다)

④ 공식 석상에서는 '님' 자를 생략한다.

스피치 연습 방법

스피치를 잘할 수 있는 11가지 연습 단계

이 장에서는 스피치 능력을 발전시킬 수 있는 단계별 연습 과정을 소개해보려고 한다. 필자는 강의를 하면서 스피치를 11단계로 구성해 연습하고 있다. 이 단계별 연습을 지겹게 생각하지 말고 즐겁고 재미있게 받아들이도록 하라. 각 단계별로 꾸준히 연습한다면 향상된 스피치 실력을 갖게 될 것이다.

낭독
연습을 많이 하라

연습을 할 때는 전하고자 하는 의미를 잘 표현할 수 있도록 해야 하며 음성의 고저, 강약, 속도, 흐름에 신경을 써야 한다. 특히 '멈춤의 미학'을 잊지 말아야 한다. 낭독 연습은 실전에 앞서 적어도 10일 정도 시간에 상관없이 꾸준히 하는 것이 좋다. 그리고 단 10분을 하더라도 음성의 전달에 신경을 쓰도록 하라.

직장을 비롯한 사회단체에서 직책이 올라갈수록 스피치를 할 기회가 많아진다. 이때 가장 많이 사용하는 것이 원고를 써서 낭독하는 스피치이다. 스피치는 상황에 따라 음성의 전달이 달라야 한다. 또한 단어가 표현하는 감정이나 강조, 흐름, 상황에 따른 음성의 변화가 각기 다르기 때문에 모든 노래의 음이 다르듯 스피치도 같을 수가 없다.

필자는 첫 수업이 시작되면 발성과 발음을 익히기 위해 수강생에게 다양한 문학 작품을 읽게 한다. 문학 작품은 감정 표현을 연습하기에 안성맞춤이다. 시, 소설, 희곡, 동화, 산문, 수필 등 다양한 분야에 걸쳐 연습을 한다. 문학의 장점은 언어의 표현이 아름답기 때문에 그것을 낭독하는 것은 매우 좋은 훈련 방법이다.

언제 어떤 상황에서 스피치를 하게 될지 모르는 직책에 있는 사람은 항상 스피치를 할 준비가 되어 있어야 한다. 한 번이라도 연습을 해본 것과 그렇지 않은 것에는 큰 차이가 있게 마련이다. 그러므로 다양한 상황을 설정해 꾸준히 연습하면 실전에서 멋진 스피치를 할 수 있을 것이다.

연습을 할 때는 전하고자 하는 의미를 잘 표현할 수 있도록 해야 하며 음성의 고저, 강약, 속도, 흐름에 신경을 써야 한다. 특히 '멈춤의 미학'을 잊지 말아야 한다. '멈춤'만으로도 음의 흐름을 조절할 수 있고, 여유 있는 스피치를 만들어낼 수 있다. 또한 습관적으로 나오는 잡음을 줄일 수도 있다. 여기서 잡음이란 "어~.", "음~." 따위의 필요 없는 단어를 말한다. 이러한 잡음은 스피치의 흐름을 방해하고 청중들에겐 경청을 방해하는 요인이 된다. 낭독하는 연습을 하면 이런 습관적인 잡음을 줄일 수 있다.

낭독 연습은 실전에 앞서 적어도 10일 정도 시간에 상관없이 꾸준히 하는 것이 좋다. 단 10분을 하더라도 음성의 전달에 신경을 쓰도록 하라. 그리고 다시 한 번 강조하지만, 멈춤의 미학을 잊지 말라!

직접
구성한 후 원고를 작성하라

스피치의 구성은 화자를 목적지로 인도하는 가이드이다. 화자 자신이 만족하지 못하는 스피치는 청중도 만족하지 못한다는 사실을 잊지 말라. 스피치의 구성은 길이다. 지도는 길을 헤매지 않기 위해 그리는 것이다. 귀찮다고 지도를 대충 그려서는 안 된다.

스피치의 구성은 화자를 목적지로 인도하는 가이드라고 할 수 있다. 주의 끌기, 서론, 본론, 결론의 순서대로 구성하여 원고를 직접 써보도록 하라. 귀찮다고 중도에 포기하면 하지 않느니만 못하다. 원고를 작성할 때는 구어체로 써야 한다. 그러다 보면 자신의 언어 스타일이나 스피치 스타일을 확인할 수 있기 때문에 다양한 상황을 설정해서 써보는 것이 바람직하다. 그리고 만족할 만한 결과를 얻을 때까지 반복해서 써야 한다.

말은 입에서 나오면 그만이다. 하지만 글은 다르다. 고치고 다시 쓰고, 쓰고 다시 고칠 수 있다. 자신이 만족할 만한 결과를 얻을 때까지 얼마든지 수정할 수 있다는 얘기다. 화자 자신이 만족하지 못하는 스피치는 청중도 만족하지 못한다는 사실을 잊지 말라.

우리가 편지를 어떻게 쓰는지 생각해보자. 슬픈 내용을 쓸 때는 자신도 모르게 마음이 찡하고, 재미있는 이야기를 쓸 때는 자신도 모르게 웃음이 난다. 스피치도 만찬가지다. '주의 끌기'를 할 때 화자 자신이 재미있게 느낀다면 청중도 재미있게 느낄 가능성이 높다. 또 화자 자신이 가슴 찡한 느낌을 갖게 되면 청중도 그렇게 느낄 가능성이 높다. 이는 화자 자신이 이미 그런 느낌을 받았으므로 그렇지 않을 때보다 감정의 표현이나 음성의 전달을 잘할 수 있기 때문이다.

스피치의 구성은 길이다. 지도는 길을 헤매지 않기 위해 그리는 것이다. 귀찮다고 지도를 대충 그려서는 안 된다. 필자는 대학에서 스피치를 전공할 때, 수없이 많은 시간을 스피치 구성에 투자했다. 그리고 교수님이 빨간색 볼펜으로 빽빽하게 수정한 원고를 다시 받아들곤 했다.

노력 없이 이루어지는 성공은 없다. 성공은 노력에 대한 대가이다.

주의
끌기를 연습하라

'주의 끌기'는 주제와 관련해 순서를 정하고 다양하게 연습하는 것도 좋지만, 거꾸로 '주의 끌기'를 먼저 만들고 나서 그에 알맞은 주제를 찾는 것도 좋은 방법이다.

누구나 사람들 앞에 나서면 어떻게 이야기를 시작해야 할지 몰라 많은 고민을 하게 된다. 하지만 '시작이 반'이라고 했다. 스피치는 시작을 잘하면 무난히 마칠 수 있다. 그 이유는 어떤 이야기를 하든, 지식이 있고 없고를 떠나 자신이 할 수 있는 이야기는 이미 정해져 있기 때문이다. 그래서 시작을 잘하면 그렇지 않을 때보다 더 편하게 스피치를 할 수 있다.

'주의 끌기'는 시작부터 청중에게 흥미와 관심을 제공할 수 있다. 또한 재미있는 이야기로 청중을 웃게 함으로써 화자 자신의 긴장감을 풀고 불안감을 줄일 수 있는 장점도 있다.

'주의 끌기'에 대해 강의를 하다보면, 대부분의 수강생은 가장 쉽게 할 수 있는 질문을 많이 선택한다. 다음이 자신의 경험에서

'주의 끌기'를 만들어내고, 그다음 단계가 흥미 있는 아이디어를 개발하려고 애쓴다. 필자는 이것을 아주 바람직한 발전 단계라고 생각한다.

'주의 끌기'는 주제와 관련해 순서를 정하고 다양하게 연습하는 것도 좋지만, 거꾸로 '주의 끌기'를 먼저 만들고 나서 그에 알맞은 주제를 찾는 것도 좋은 방법이다. 필자의 수업에서는 스피치의 기본 과정이 끝나면 유머를 하나씩 준비하고 그 유머를 활용할 수 있는 주제를 골라 스피치를 하게 한다. 그러면 성공적인 '주의 끌기' 덕분에 청중의 반응이 좋아지고, 기본 과정에서 스피치를 할 때보다 훌륭한 결과를 얻을 수 있고, 자신감도 많이 생기게 된다. 이렇게 역으로 '주의 끌기'를 준비한 후 주제를 만들어 스피치를 해보는 것도 효과적인 연습 방법이다.

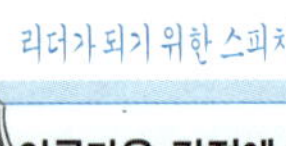

아름다운 감정에 호소하라

상대방의 마음이 어떠한지 모를 때는 일단 그의 아름다운 감정에 호소하라. 그러면 틀림없이 성공할 것이다. 인간은 상대방으로부터 진심어린 신뢰를 받고 공정한 인물로 인정받으면 웬만해서는 부정적인 반응을 보이지 않는다.

불완전
즉흥 스피치를 연습하라

불완전 즉흥 스피치는 자신이 이야기하고자 하는 내용을 간략하게 구성해서 말하는 것이다. 말하자면, 간단한 개요를 만들고 자신이 꼭 해야 할 이야기를 적어둔 다음, 다음 순서로 넘어갈 때마다 전달할 내용을 보면서 스피치를 하는 것이다.

불완전 즉흥 스피치는 자신이 이야기하고자 하는 내용을 간략하게 구성해서 말하는 것이다. 말하자면, 간단한 개요를 만들고 자신이 꼭 해야 할 이야기를 적어둔 다음, 다음 순서로 넘어갈 때마다 전달할 내용을 보면서 스피치를 하는 것이다.

이것은 스피치를 전달하는 가장 좋은 방법이다. 어려운 외래어나 꼭 전달해야 할 내용을 적어두기 때문에 그 단어나 내용을 잊지 않아 좋을뿐더러 스피치를 할 때 무언가가 나와 함께한다는 심리적 안정감을 가질 수도 있다.

강의를 하다보면 수강생들의 실력이 가장 많이 늘 때가 바로 '불완전 즉흥 스피치' 과정인 것 같다. 낭독이 어느 정도 잘되면 '불완전 즉흥 스피치'에 많은 시간을 투자하는 것이 좋다. 그러면 자연스럽고 편안한 스피치를 할 수 있게 될 것이다. 이때도 물론 시선 처리와 얼굴 표정, 음성 전달에 신경을 쓰며 실전과 같이 연습해야 한다.

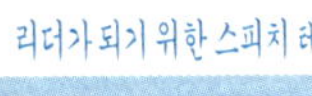

상대의 이름을 기억하라

이름이란 본인에게 가장 소중하고 막대한 영향력을 지닌다. 상대의 이름을 기억하는 것이 때론 입에 발린 아첨을 하는 것보다 몇 배의 효과를 낼 수 있다. 반면 상대의 이름을 잊어버리거나 잘못 말하면 기분을 상하게 만든다. 하찮은 일처럼 느껴질지 모르나 상대의 이름을 정확하게 기억하면 그의 마음까지도 움직일 수 있다.

다양한
주제를 선택해 연습하라

처음에는 자신의 직업, 취미, 관심사부터 시작해 차츰 시사적인 문제에서 약간 전문적인 주제를 선택해 연습하라. 아무리 어려운 주제라 해도 자신이 이야기할 수 있는 '거리'는 있게 마련이다. 그 이야깃거리만으로도 멋지게 스피치를 할 수 있으니. 잘하겠다는 욕심을 버리고 자신이 아는 범위 안에서 멋지고 깔끔한 스피치를 하도록 노력하라.

다양한 주제를 가지고 '불완전 즉흥 스피치'를 연습해보도록 하자. 동시에 낭독 스피치도 조금씩 연습한다면 더욱 더 좋다. 스피치도 습관이 되어야 한다. 처음에는 자신의 직업, 취미, 관심사부터 시작해 차츰 시사적인 문제에서 약간 전문적인 주제를 선택해 연습하라.

스피치는 무엇보다 다양하게 연습하는 것이 좋다. 어려운 주제를 선택했을 때는 전문적인 지식이 없다 해도 자신이 알고 있는 범위 안에서 최대한 간단하고 명확하게 전달하는 것이 좋다.

흔히 모르는 주제에 대해서는 긴장을 하게 되고 무슨 말을 해야 할지 몰라 아무 생각도 나지 않는다고 한다. 하지만 아무리 어려운 주제라 해도 자신이 이야기할 수 있는 '거리'는 있게 마련

이다. 그 이야깃거리만으로도 멋지게 스피치를 할 수 있으니, 잘
하겠다는 욕심을 버리고 자신이 아는 범위 안에서 멋지고 깔끔
한 스피치를 하도록 해보자.

끊임없이 격려하라

장점을 칭찬하고 격려해주면 무슨 일이든 할 수 있다는 의욕이 생기게 마련이
다. 그리고 자신의 능력을 부모나 아내, 또는 상사들이 알아주고 있다는 생각
에 뿌듯한 기분을 느끼며, 자기의 능력을 보여주기 위해서라도 무엇이든 열심
히 하게 된다.

완전
즉흥 스피치를 연습하라

'완전 즉흥 스피치'를 잘하는 방법은 이야기할 내용의 순서를 정하는 것이다. 이야기할 내용은 이미 머릿속에 모두 있다. 단지 그것을 즉흥적으로 얼마나 많이, 잘 뽑아내는지가 관건이다.

'완전 즉흥 스피치'는 필자가 운영하는 강의의 기본 과정에서 클라이맥스라고 할 수 있다. '완전 즉흥 스피치'는 어떤 상황에서든 자신 있게 스피치를 할 수 있도록 해준다. '완전 즉흥 스피치'를 잘하는 방법은 이야기할 내용의 순서를 정하는 것이다. 순서를 정하는 것이 간단하다고 생각할지 모르겠지만, 이는 많은 연습을 통해 습득할 수 있는 기술이다.

'완전 즉흥 스피치'를 잘하려면 '주의 끌기'와 본론의 내용에 순서를 정해줘야 한다. 이야기할 내용은 이미 머릿속에 모두 있다. 단지 그것을 즉흥적으로 얼마나 많이, 잘 뽑아내는지가 관건이다. 따라서 화자는 청중이 자신의 이야기를 들을 수 있도록, 또는 관심을 갖도록 '주의 끌기'를 어떻게 할지 항상 준비가 되어 있어야 한다.

서론은 이야기를 하는 목적이나 배경을 설명하는 부분이므로 복잡하게 말할 필요가 없다. 다만 어떤 주제에 대해 발표하겠다는 말만으로도 충분하다.

본론은 자신이 이야기하고자 하는 내용의 순서를 첫째, 둘째, 셋째 등으로 정해주면 된다.

마지막으로 결론은 본론을 간략하게 정리하는 것으로 마무리한다.

결국 '완전 즉흥 스피치'에서 화자가 준비해야 할 것은 '주의 끌기'를 무엇으로 할지 선택하고 본론의 순서를 정하는 것뿐이다.

'완전 즉흥 스피치'의 본론을 연습할 때는 그 순서를 한 가지나 두 가지 정도로 나눈 후 차츰 늘려나가는 것이 좋다. 필자의 수강생들은 대부분 '불완전 즉흥 스피치'를 잘하다가도 '완전 즉흥 스피치'를 할 때는 많이 힘들어한다. 하지만 충분히 좋은 성과를 얻을 수 있으니 꾸준히 연습해주길 바란다.

자신의
소리를 꾸준히 듣고 스스로 교정하라

화자가 어떤 이야기를 해야 하는지에 신경을 쓰게 되면 자신의 소리를 듣기가 힘들다. 즉흥 스피치에 익숙하지 못하다면 낭독을 통해서라도 자신의 소리를 들으며 연습하도록 하자. 음성의 전달은 잘되고 있는지, 내용의 전달은 잘되고 있는지 스스로 확인해가며, 천천히 연습하라.

연습을 충분히 했으면 자기 스스로 교정을 볼 수 있어야 한다. 자신의 소리를 들으면서 음성의 전달은 잘되고 있는지, 자신이 이야기하는 내용을 스스로 들을 수 있어야 하는 것이다. 스스로 교정할 수만 있다면 스피치에 어느 정도 익숙해져 있다고 봐도 좋다.

필자는 스피치를 시작할 때 기본적인 음성 전달에 충실하도록 한 후 교정을 실시한다. 하지만 어느 정도 시간이 지나면 자신만의 스피치 스타일을 살려서 자연스럽게 스피치를 하도록 권하고 있다. 수십 년 동안 익숙해진 습관을 없애는 건 쉽지 않다. 때문에 기본 과정을 통해 어느 정도 잘못된 습관이 교정되면 자신만의 스타일에 맞춰 상황에 따른 스피치를 알맞게 전달할 수 있어야 한다. 어느 정도의 수준이 되면 잘못된 점이 무엇인지 알게 되기 때문에 자신의 소리를 들으며 스스로 교정을 할 수가 있다.

화자가 어떤 이야기를 해야 하는지에 신경을 쓰게 되면 자신의 소리를 듣기가 힘들다. 즉흥 스피치에 익숙하지 못하다면 낭독을 통해서라도 자신의 소리를 들으며 연습하도록 하자. 음성의 전달은 잘되고 있는지, 내용의 전달은 잘되고 있는지 스스로 확인해 가며, 천천히 연습하라. 이렇게 자신의 소리를 들을 수 있도록 노력하다보면 스스로 해답을 찾게 될 것이다.

상대에게 맞춰라

사람은 상대방이 똑같이 행동할 때 마음의 문을 열게 되어 있다. 내가 즐거울 때 상대가 즐겁게 행동하면 호감이 생기고, 내가 슬플 때 상대가 슬픈 듯 행동하면 마음이 움직이게 되어 있다. 동병상련이 되는 것이다.

질문과
답변을 통해 즉흥 스피치를 연습하라

다양한 질의와 문답을 통해 즉흥 스피치를 연습하게 되면 어려운 상황을 재치 있게 넘기는 방법을 스스로 깨닫고, 즉흥 스피치에 자신감을 얻을 수 있을 것이다.

필자는 강의 후반부를 시작할 때쯤 질문과 답변을 통해 즉흥 스피치를 연습하게 한다. 한 명이 앞으로 나와 다른 사람의 질문에 답을 하는 방식이다. 마치 인터뷰를 하듯이 꼬리에 꼬리를 무는 질문을 받으면 진땀이 날 수도 있지만, 재미있게 즐기다보면 커다란 효과를 얻을 수 있다. 그러므로 동료 또는 가족과 함께 꾸준히 연습하라.

흥미 있는 질문엔 흥미 있는 답변이 나온다. 처음엔 답변하는 사람이 알고 있는 분야에 대해 질문하는 것이 좋다. 직업과 관련된 질문이나 취미 등에서 시작해 시사적인 문제까지 확장할 수도 있다.

답변뿐 아니라 질문하는 연습을 해보는 것도 좋다. 학교 다닐 때 질문 한 번 못해보고 졸업하는 사람도 꽤 있으니까 말이다.

이렇게 다양한 질의와 문답을 통해 즉흥 스피치를 연습하게 되면 어려운 상황을 재치 있게 넘기는 방법을 스스로 깨닫고, 즉흥 스피치에 자신감을 얻을 수 있을 것이다.

도움에 인색하지 말라

많은 사람을 자신의 지지자로 만들고 싶다면 남을 돕는 일에 인색하지 말아야 한다. 누구나 도움을 준 사람에게 호감을 갖기 때문이다. 조금만 신경을 쓰면 도울 수 있는 일을 가지고 귀찮아하거나 거절하는 경우가 많은데, 이러한 행위는 다른 사람을 자신의 지지자로 만드는 데 마이너스 요인이 된다.

보조
도구를 사용해 스피치를 연습하라

발표 내용과 관련된 보조 도구를 사용하게 되면 자신감도 생길뿐더러 그 외에 여러 가지 장점이 있다. 보조 도구를 사용한 연습 또한 실전과 같이 해야 하며, 적어도 3회 이상 반복하는 것이 좋다. 아무리 좋은 보조 도구라도 그걸 사용하는 데 익숙하지 않으면 사용 안 하느니만 못하다.

요즘은 학생이나 직장인 할 것 없이 프로젝터를 사용해 발표하는 경우가 많다. 이처럼 프로젝터를 사용해 스피치를 연습하는 것도 좋지만, 그 외에 다양한 보조 도구를 사용해 익숙해질 때까지 연습하는 것이 가장 좋은 방법이다.

대부분은 원고만 보면서 연습을 하는 것이 일반적이지만, 발표 내용과 관련된 보조 도구를 사용하게 되면 자신감도 생길뿐더러 그 외에 여러 가지 장점이 있다. 보조 도구를 사용한 연습 또한 실전과 같이 해야 하며, 적어도 3회 이상 반복하는 것이 좋다.

필자가 대학에서 공부할 때는 발표할 내용을 복사해 나눠주거나 전지에 글을 써서 붙여놓곤 했다. 그러다 파워 포인트로 작업을 하고 프로젝터를 사용해 프레젠테이션하자니 여간 부담스럽지 않았다.

아무리 좋은 보조 도구라도 그걸 사용하는 데 익숙하지 않으면 사용 안 하느니만 못하다는 것을 잊지 말자.

아첨을 경계하라

칭찬은 진실하지만 아첨은 진실하지 못하다. 칭찬은 마음속에서 우러나오지만 아첨은 입에서 흘러나온다. 칭찬은 이타적이지만 아첨은 이기적이다. 칭찬은 누구에게나 환영을 받지만 아첨은 환대받지 못한다. 그러므로 다른 사람을 칭찬할 때는 진심으로 해야 한다. 상대의 기분을 맞추기 위해 감언이설을 하게 되면 오히려 역효과를 초래할 수 있다.

경매를
통해 설득 스피치를 연습하라

말을 많이 한다고 해서 설득에 성공하는 것은 아니다. 아무리 말을 많이 해도 그중에 상대를 움직일 수 있는 요소가 없다면 아무런 소용이 없다. 경매를 통해 설득 스피치를 연습하려면 첫째, 그 물건의 가치를 높여라. 둘째, 정보는 짧고 강하게 말하라. 셋째, 자극을 주어라.

사실, 일반인들은 일상생활을 하면서 설득 스피치를 하는 경우가 극히 드물다. 하지만 물건을 팔거나, 용돈을 올려 받거나, 부탁을 하거나, 무언가를 얻으려면 상대방을 설득하는 것이 필요하다.

필자는 기본 과정에서 수강생들에게 연설과 같은 설득 스피치를 요구하지 않는다. 대신 짧은 스피치를 연습함으로서 설득하는 방법을 배우게 한다. 말을 많이 한다고 해서 설득에 성공하는 것은 아니다. 아무리 말을 많이 해도 그중에 상대를 움직일 수 있는 요소가 없다면 아무런 소용이 없는 것이다.

부모는 자녀의 미래에 많은 관심을 가지고 있으며 자녀를 바른 길로 안내하는 역할을 한다. 하지만 많은 이야기를 한다고 해서 자녀가 부모가 원하는 그 길을 가는 것은 아니다. 이때는 자녀의 마음을 바꿀 수 있는 설득력 강한 어떤 한마디의 말이 필요하다. 물론 결코 쉬운 일은 아니지만 말이다.

필자는 설득 스피치를 연습할 때 경매 방식을 사용하게 한다. 자신에겐 더 이상 필요가 없지만 다른 사람이 유용하게 쓸 수 있는 물건을 가지고 오게 한 다음 그것을 경매에 붙이는 것이다. 이때 파는 사람은 물건에 대한 정보를 먼저 스피치하고 경매에 붙이게 된다. 그리고 최저 가격에서 시작해 중간 중간 구매자를 설득할 수 있는 기회를 준다. 필자는 이 과정에서 3가지 관점을 유지하라고 권한다.

첫째, 가치를 높여라. 이는 자신이 경매에 내놓은 물건의 가치를 높이는 것이다. 내가 가치 있게 생각해야 다른 사람도 그 가치를 인정한다. 열 명의 청중이 경매에 참여했다고 치자. 그중 두 명이 그 물건에 관심을 가졌다면, 판매자는 그 물건의 가치를 높여 더욱 좋은 가격을 받아내야 한다. 그 가치를 인정하는 사람만이 그 물건을 살 것이다. 따라서 둘의 경쟁을 부추길 수 있는 가치를 제공하는 것이 무엇보다 중요하다.

둘째, 정보는 짧고 강하게 말하라. 설득은 많은 말을 한다고 해서 가능한 것이 아니다. 구매자에게 이익이 되는, 물건을 사고 싶게 하는 핵심적인 말이 필요하다.

셋째, 자극을 주어라. 그 물건에 대해 필요성을 느낀 사람은 다른 구매 예상자와 경쟁 관계에 있다. 그러므로 서로에게 그 물건을 사지 않으면 후회할 수 있다는 자극을 주고, 그 물건을 사게 될 경우의 이점을 부각시켜야 한다.

다시 한 번 말하지만, 설득은 많은 말을 해야만 가능한 것이 아니다. 여러분은 자신이 걱정했던 것보다 쉽게 상대를 설득해본 경험이 있을 것이다. 이는 우연이라기보다 상대가 원하는 핵심을 자신도 모르게 짚어주었기 때문이다. 상대의 마음을 잘 읽을 수 있다면 설득은 그만큼 쉬워진다. 그러므로 상대의 반응, 질문, 태도 등을 토대로 재빨리 상대의 마음을 읽을 수 있도록 노력하는 자세가 필요하다.

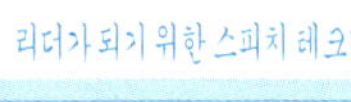

아낌없이 칭찬하라

자신의 장점만을 돋보이게 하려는 욕구를 버리고 상대의 장점을 칭찬하라. 거짓이 아닌 진심으로 칭찬하면 상대는 그것을 마음 깊이 새기고 평생토록 잊지 않을 것이다. 그리고 강압적으로 명령하지 않아도 자발적으로 당신을 따를 것이다.

다양한
상황을 설정해 스피치를 연습하라

모든 일이 그렇듯, 한 번도 해보지 못한 것은 그걸 시도하는 것조차 어렵고, 한 번이라도 해본 것은 몇 번이고 계속해서 쉽게 해낼 수 있는 법이다. 자신감은 그것에 익숙해지면 자연스럽게 생겨난다. 그러므로 다양한 스피치를 연습해 실전을 준비한다면 보다 편하게 스피치를 할 수 있게 될 것이다.

앞에서도 이야기했지만 우리는 다양한 상황 속에서 스피치를 하게 된다. 지금까지 소개한 10단계의 연습 과정은 상황에 따라 스피치를 하는 데 많은 도움을 줄 것이다. 여기에 항상 새로운 것을 만들어낸다는 생각으로 스피치를 준비하면 금상첨화다.

자신의 풍부한 경험을 잘 활용한다면 '주의 끌기' 나 본론에서 청중의 관심과 흥미를 끄는 데 큰 도움이 될 것이다. 스피치를 즐기면 그것 자체가 재미있고, 하면 할수록 매력을 느낀다. 바로 이런 매력을 느끼기 때문에 필자 또한 스피치를 공부하면서 여기까지 오지 않았나 싶다.

필자는 기본 과정에서는 스피치에 익숙해지도록 초점을 맞추고, 연구자 과정에 들어서면 원고 없이 자유롭게 스피치를 할 수 있도록 신경을 쓰고 있다. 또한 나름대로 전략을 세워 자신이 원하는 방향으로 스피치가 이루어지는지 확인하고, 청중의 피드백을 느껴보도록 요구한다.

모든 일이 그렇듯, 한 번도 해보지 못한 것은 그걸 시도하는 것조차 어렵고, 한 번이라도 해본 것은 몇 번이고 계속해서 쉽게 해낼 수 있는 법이다. 자신감은 그것에 익숙해지면 자연스럽게 생겨난다. 그러므로 다양한 스피치를 연습해 실전을 준비한다면 보다 편하게 스피치를 할 수 있게 될 것이다.

충고는 간접적으로 하라

상대가 아무리 실수를 저질렀다 하더라도 직접적으로 충고해서는 안 된다. 상대의 실수를 간접적으로 암시해야 한다. 예민한 성격의 소유자를 대할 때는 더욱 유의해야 한다. 인간의 마음은 작은 일에도 쉽게 상처를 받는다.

바른 말씨와 어휘의 선택

① **높임말씨 : ～하세요**

'시', '세', '셔'가 중간에 끼어서 어른에 대한 존댓말이 된다.

예) "하시었다.", "하세요."

② **반높임말씨 : ～하오**

말의 끝맺음이 '오', '요'로 끝나는 말이다. 보통말씨나 낮춤말씨를 써야 할 상대이지만 잘 아는 사이가 아닐 때 쓴다.

예) "이렇게 해요.", "저리 가요."

③ **보통말씨 : ～하게**

친구나 아랫사람이라도 대접해서 말하려면 보통말씨를 쓴다. 말의 끝맺음이 '게'와 '나'로 끝난다.

예) "여보게, 그렇게 하게.", "자네 언제 왔나?"

④ **반낮춤말씨 : ～해**

낮춤말씨를 써야 할 상대이지만 그렇게 하기가 거북할 때 쓰며 '반말'이라고도 한다.

예) "이렇게 해.", "언제 왔어?"

⑤ **낮춤말씨 : ～해라**

잘 아는 아랫사람이나 아이들에게 쓰는 말이다.

예) "이것을 해라.", "언제 왔니?"

⑥ **절충식 말씨 : ～하시게**

보통말씨를 써야 할 상대를 높여서 대접하기 위해 높임말씨의 '시', '셔'를 끼워 쓴다.

예) "그렇게 하시게."

⑦ 사무적 말씨

끝이 '다'와 '까'로 끝나는 말로서 직장이나 단체 생활에서 많이 쓰인다.

예) "그렇게 했습니다.", "언제 오셨습니까?"

⑧ 정겨운 말씨

사무적 말씨와 반대되는 말씨로서 말끝이 '요'로 끝난다.

예) "그렇게 했어요.", "언제 오셨어요?"

⑨ 존대 어휘

같은 말이라도 명사나 동사에는 웃어른에게 쓰는 어휘가 따로 있다.

예) 밥→진지, 말하다→여쭙다, 말→말씀, 주다→드리다

웅변에서 스피치의 시대로

1996년, 나는 국립 필리핀 대학(University of the Philippines)에서 스피치 커뮤니케이션을 전공하게 되었다. 스피치 커뮤니케이션(Speech Communication)이란 '말하는 것'에 대한 다양한 과목을 공부하는 과정이다. 처음 생각했던 것보다 학문적인 이론과 실기를 함께하는 과정은 그리 쉽지 않았다.

누구나 말을 잘하고 싶을 것이다. 물론 나 또한 말을 잘하고 싶었다. 특히 늦깎이 공부를 시작한 나에게는 세상을 살아가면서 말을 잘한다는 것이 얼마나 중요한 일인지 피부로 와 닿았다. 게다가 어려서부터 변호사라는 직업을 꿈꿔온 터라 말을 잘한다는 것은 더할 나위 없이 나의 관심을 끌기에 충분했다.

하지만 나의 생각과 달리 험난한 길이 펼쳐지고 있었다. 스피치 커뮤니케이션 과정은 2학년 2학기에 전공 기초를 다루는 과목으로 세 분의 교수님이 수업을 진행하였다. 이 과정을 시작으로 3학년 1학기부터 본격적으로 전공 과목을 수강할 수 있었다. 그런데 말을 잘한다는 것이 그리 쉽지만은 않다는 것을 알았을 때, 나는 이미 3학년 2학기였다.

당시 국립 필리핀 대학 내에는 학부에서 박사 과정까지 스피치 관련 학과를 전공하신 분이 몇 분 안 되었는데, 그중 한 분인 라자로(Lazaro) 교수님의 'Oral Interpretation(구두 해설)'이란 과목을 수강하면서, 나는 전과(轉科)를 생각할 정도로 한순간에 무너지게 되었다. 이 수업은 교수님께서 준비한 연극의 대사, 내레이션 등 문학 작품을 구두(口頭)로 전달하는 것이다. 주로 'Performance study'에서 많이 하는 방법이지만, 구두 해설에서는 동작이 아예 없거나 약간의 동작만을 병행할 수 있다. 이 과목을 수강하는 사람은 스피치나 연극을 전공하는 학생들이 대부분이었다. 내가 아무리 사람들과 이야기하는 것을 좋아한다지만, 여러 청중 앞에서 그냥 대화하는 것도 아니고 마치 연기를 하는 듯한 느낌이 들어 창피하다 못해 불안하기까지 했다.

그 첫 수업에서 나는 흔히 말하듯 국어책을 읽었다. 결과는 뻔했다. 교수님의 무서운 질책이 이어졌다. 수업이 끝난 후 나는 전과를 심각하게 고려했다. 과연 내가 할 수 있을까? 이런 생각밖에 들지 않았다. 잘할 수 있을 거라는 긍정적인 생각보다 '나는 안

돼.' 하는 부정적인 생각과 창피하고 쑥스러운 느낌이 전부였다. 그때 한 친구가 내 옆으로 다가와서 물었다.

"네 문제가 뭐라고 생각하니?"

나는 아무런 대답도 못했다. 그러자 친구는 이렇게 말했다.

"네 문제는 연습을 하지 않았다는 거야. 넌 충분히 할 수 있어. 연습만 한다면 말이야."

친구의 이 말이 나에게는 큰 힘이 되었다. 노력을 해야 한다는 생각보다 문제를 회피하려고만 했던 것이다. 나는 다음 학기를 기약하며 구두 해설 과목의 수강을 포기하고 혼자 연습하며 스스로를 다잡았다. 그리고 다음 학기에 다시 그 과목을 수강하게 되었다. 당시 그 과목의 강좌는 두 반이 개설되었는데, 나는 라자로 교수님의 수업을 다시금 듣기로 했다. 첫 수업 날, 자리에 앉아 있는데 교수님이 들어오면서 나를 보고 웃으며 "또 왔니?"라고 하셨다. 그 말을 듣고 학생들이 큰 소리로 웃는 바람에 창피했던 기억이 난다.

미리 연습을 많이 했기 때문에 그날의 구두 해설 첫 수업은 조금 수월했다. 하지만 교수님께서 뭐라고 평가하실지 걱정되었다. 다행히 발표가 끝난 후, 교수님으로부터 많이 좋아졌다는 이야기를 들을 수 있었다. 나는 그때 내가 한 가지 달라졌다는 것을 깨달았다. 그것은 내가 그 과목에 관심이 많아졌고, 흥미를 느끼기 시작했다는 것이다. 남들처럼 발표하는 것을 즐기지는 못했지만, 부단한 연습을 통해 창피함을 조금씩 극복하고 수업을 즐기고자 하는 마음을 갖게 되었던 것이다.

과거에는 웅변을 배웠지만 이제는 스피치를 배우는 시대가 되었다. 이러한 시대의 흐름 속에서, 스피치의 교육 방법이나 방식도 많이 변화하고 있다. 미국의 대학에서는 이미 오래전부터 스피치 학과를 개설해 연구함으로써 많은 전공자들을 배출하였다. 내가 공부한 국립 필리핀 대학의 스피치 커뮤니케이션 학과도 수십 년의 전통을 가지고 있다. 또한 문법, 쓰기와 함께 모든 학생이 반드시 이수해야 하는 교양 필수과목이기도 하다. 올바르게 말하고 쓰는 것이 그만큼 중요하다는 얘기다. 다른 나라에서는 이렇듯 스피치를 중시하며 많은 교육 시스템과 콘텐츠를 개발하고 있지만, 아쉽게도 우리나라에서는 몇몇 대학교의 석사 과정에만 스피치 전공 과정이 있을 뿐이다.

언젠가는 우리나라에서도 많은 전공자가 배출되어 많은 사람들이 스피치 교육을 받을 수 있는 환경이 되었으면 한다. 그렇게 되면 지금보다 더 나은 스피치 교육을 위한 콘텐츠들이 개발될 것이다. 또한 이 책을 통해 많은 사람들이 스피치에 관심을 가졌으면 하는 바람을 가져본다.

말을 잘하면 성공이 보인다

1판 1쇄 인쇄 2008년 12월 10일
1판 2쇄 발행 2009년 1월 9일

지은이 | 이상훈
펴낸이 | 이환호
펴낸곳 | 나무의꿈

등록번호 제 10-1812호
주소 서울시 마포구 서교동 463-31 플러스빌딩 4층
전화 02)332-4037 | **팩스** 02)332-4031

ISBN 978-89-91168-25-1   03320

· 잘못 만들어진 책은 구입처나 본사에서 교환해 드립니다.